20年後も後悔しないマイホームの選び方

SATO YOU
佐藤 陽
FPオフィスケルン代表・
ファイナンシャルプランナー・
宅地建物取引士

同文舘出版

はじめに

――家を買うことはゴールではなく、スタートだ！

「なぜ家を買うのですか？」――。

私は相談者の方に、こんな質問を最初に伺います。「家を買う」ということがどういうことなのかを、いま一度、よく考えて欲しいという想いからです。

住むところは必要ですが、家を買うことは必ずしも必要ではありません。たしかに、昨今の低金利で購入を検討する人にとっては買いやすくなっていることは事実です。でも、家を買わなくても、最近の賃貸物件はとても快適です。

私のところに相談に来られる人のきっかけはさまざまですが、正直にいうと、「わざわざ家を購入しなくてもよいのではないか」と感じるケースも少なくないのです。

少し驚いたケースでは、「新しい部屋を借りる際の初期費用が用意できないから、思い切って購入しようと思った」というのがありました。これは少し説明が必要ですが、マイホームを購入する際、購入物件の売買金額だけでなく、諸費用もローンとして借りることができます。ですから、理屈上は「自己資金がゼロでも購入が可能」なのです。

この相談者の場合、こういった話をどこかで見聞きし、引っ越しをしなければいけない事情が発生したけれど、新しい部屋を借りる初期費用が用意できないので、「いっそのこと購入すればよいのではないか」と考えたようです。

これは極端な例かもしれませんが、マイホームを買わなくてよい人までが買おうとしているケースも少なくないと思います。

「自己資金ゼロ。毎月のローン返済は現在の家賃と同等か、安くなることもある」といわれれば、「もしかして買えるかもしれない」と考えてしまうのも無理はありません。

「夢のマイホーム」と表現することがありますが、かつては本当に「夢」だったかもしれませんが、「夢」が「悪夢」に変わり、定年退職をしてもなお、住宅ローンの返済に追われる方や、返済をあきらめ「夢のマイホーム」を手放さなければいけない人も増えています。「マイホーム」を買うことで不幸になるぐらいなら、買う必要はないでしょう。

バブル崩壊後の長い景気低迷の影響で、さまざまな物やサービスの価格破壊が進みました。特に一戸建てに関していえば、二極化したと感じています。高スペックの高価格化と、ほどほどのスペックの低価格化です。

仕事柄、さまざまなハウスメーカーや工務店ともお付き合いがありますが、低価格化した住宅（ローコスト住宅）が集客するのは、「これまでマイホームを買うなんて現実的に考えられなかった低所得の人たち」です。

所得が低いから家を持ってはいけないわけではありませんが、昨今の低金利のおかげで収入が低い人でも住宅ローンの審査が通り、借りることができるようになっています。

自己資金で諸費用さえ賄えない人に、住宅ローンの審査を平気で通してしまう金融機関の甘い審査も危険ですが、家を売っている営業マン自身が「このお客さん、将来、住宅ローンを返せなくなるかもなぁ……」と感じながらも、住宅ローンが借りられるからと販売しているケースもあります。

金融機関は保証会社に住宅ローンを保証させるため、万一、返済に行き詰まったとしても保証会社から弁済してもらえます。その保証料は住宅ローンを借りている人が負担しているものです。もし住宅ローンを借りている人が返済途中で死亡すれば、生命保険金で貸付残高を回収できます。さらに土地建物という担保をとっています。土地建物も売却して貸付残高を回収する手段もあります。

住宅ローンを貸し出す銀行にとっても、リスクは非常に低いのです。あまり早く返済不能になった場合には、さすがに利息という旨みが少なくなってしまいますが、ある程度の期間、頑張って払ってくれる人であれば、銀行は貸付に対する利息が得られます。

せっかく手に入れた夢のマイホームなら、マイホームを守るために夫婦で頑張って働いてくれます。日本人は住宅ローンを滞納すれば住めなくなると思えば、税金を払うよりも返済を優先して頑張ってくれるのです。

家を売った営業マンも、「家が欲しいということだったので、あの手この手で住宅ローンを借りられるように頑張って希望を叶えてあげた」だけです。家を買った後に返済できるかどうかは、お客さん個人の問題です。

「少しでも高い家を売りたい人」と「少しでもたくさんお金を貸したい人」に囲まれて、マイホーム探しをするのが現実です。その買い物に責任を取るのは紛れもなくあなた自身です。

売る側は、売った段階で役割を果たせます。貸す側は、お金を貸すことができれば、一旦は役割が果たせます。

でも、**買ったあなたは「買ってゴール！」ではないのです。むしろ、スタート地点に立ったにすぎません**。最長35年間という、長い、長い借金生活が始まります。返済だけではありません。完済までには子供の教育費も負担しなければなりません。さらに将来の生活のため、自分たちの老後資金も用意しなければいけません。家を持ち続ければ、毎年、固定資産税という税金を負担し続けなければいけません……。

もう一度、あなたに問いますが、家の購入はあなたにとって「スタート」なのです。銀行も不動産会社もハウスメーカーも、担当者個人は決して悪人ではありません。それぞれの役割に基づいて、お客様であるあなたのために誠実に対応してくれています。

でも、彼らの究極の役割は「家を売ること」であり、「お金を貸すこと」です。やはりあなた自身が賢くなって判断をしなければいけません。

何を隠そう、私自身が「家を売る」側にいました。まさに最前線で売ってもいましたが、売りながら感じたことは、「このお客さんに、こんなに住宅ローンを借りさせても大丈夫かな」と、売ることに躊躇するケースもありました。そうすると、私には売ることができなくなるというジレンマが働きます。

「家が欲しいと思っているんだから、売ってあげないと失礼だろう」と先輩から指摘されたこともあります。

「お客様のために」は立場が変われば意味が変わります。

「売ること」「貸すこと」が役割なら、「売ること」「貸すこと」が「お客様のため」です。トクする住宅ローンの借り方や失敗しないマイホームの買い方のようなノウハウを取り扱う本はたくさんありますが、本書ではそういった分野はそれぞれの本に譲るとして、「マイホームを持つこと」そのものを考えられるような内容を心がけて記しました。

この本では、本当にあなたがあなたの人生を豊かにするためのマイホームの持ち方を考えるきっかけになればと思います。

2019年9月

佐藤　陽

第3章 あなたの「買い時」を知る

第4章 営業マンが触れない「お金」の話

第5章 マイホームの選択肢をどうするか？

第6章 家を買う前に知っておきたい「契約まで」の話

第7章 もし住宅ローンの返済が苦しくなったら

第1章

家の買い時は
いつも「いま！」、
という裏事情

01 世間の家の「買い時」と、あなたの家の「買い時」とは違う

なぜ、マイホームを買うのか？

マイホームが欲しいと考え始めたら、まずはインターネットで情報収集を始める人が多いのではないでしょうか？

さまざまなサイトで、いまならこれだけ住宅取得に関するメリットのある制度があるとか、金利が低くて住宅ローンも借り時ですよ、という言葉を目にすることでしょう。

そんな情報を目にすれば、「メリットを享受できるうちに買わなければソン」と考えるかもしれません。しかし、世間的には常に「いま」が買い時です。

なぜなら、どのタイミングでもそれなりにメリットのある制度が提供されているからです。ですから、世間の買い時という情報は、軽く流しておきましょう。それよりも**大切な**

のは、あなた自身が買い時になっているかどうかです。

そもそもあなたがマイホームを欲しいと考えるのはなぜでしょうか？

「同僚が買い始めたから……」

「結婚して、子供も生まれたので、次は家ですよね？」

「家賃を払うのがもったいないから……」

「部屋数が足りなくなって、広い賃貸物件に引越しをするなら買ったほうがよい」

「昔から夢だったのです」

などなど、これが私の「なぜマイホームを買うのですか？」という最初の質問に対しての相談者の回答の一例です。

どんな生活をイメージしているのか？

そんな相談者に、前記の「なぜマイホームを買うのですか？」という質問とは別に、**「マイホームを買った後にどんな生活をイメージしていますか？」と質問する**ことがあります。

なぜこんな質問をするようになったのか。それには理由があります。多くの人の相談を受けていると、必要性があって買うのではなく、「ある年齢や子供が生まれたら、マイホームを買わなければいけない」と考えているためではないか、と感じる相談者が多いことに気づいたからです。

もちろん、会社の同僚が「マイホームを買った！」と聞けば気にもなるし、広告で素敵な写真を見れば心も踊ります。そしてたまたまチラシが入っていたので、住宅展示場に行ってみて、なんとなく気持ちが高まってきて……。あまり明確な理由もないまま、なんとなく「マイホームを買う」ために動き出している人がいます。

そこで現実的に、何千万円という金額が具体的に相手から提示され、毎月のローンの返済額は○万×××円と見せられて急に不安になり、頭金として○○○万円出すと、預金残高が心もとなくなってもっと不安になって、決断ができなくなります。

それでも営業マンに「いまが買い時です」「いまならこの補助金が使えるチャンスです」なんて、「いまが買い時か」と意識させられ、契約をしてしまう。

本来、あなたの買い時は、「本当にマイホームが必要だと感じるとき」であり、「希望する広さやエリアなどで購入するための予算が確保できるとき」「予算が足りないのであれば、希望エリアや条件を変更できるとき」ではないでしょうか？

住宅ローンを減額される、意外な落とし穴

マイホームを購入したいと相談に来られる人のなかには、つい数か月前に新車を自動車ローンで購入したばかりという人もいます。もちろん、自動車ローンを借りていても住宅ローンを借りることはできますが、借りられる住宅ローンの金額が少なくなる可能性があります。

なぜなら、**収入に対する住宅ローンの返済額の割合は30%〜35%**という定めが金融機関の中にあるからです。この計算には、住宅ローンだけではなく、自動車ローン、カードローン、最近であれば、スマホやタブレットの分割払いの金額も含まれます。

住宅ローンに比べて自動車ローンの金額は数百万円程度かもしれませんが、返済期間が短いこともあり、毎月の返済額は数万円になります。これが落とし穴です。

もし、毎月3万円の返済をしているものがすでにあれば、35年返済の住宅ローンなら1000万円の返済額に相当します。別の言い方をすると1000万円分の住宅ローンを減額しないと審査に通らないということです。

希望のエリアで物件を買うのに予算的に住宅ローンの額を増やさなければいけないなら、自動車ローンは自己資金で先に完済しておくことです。

住宅ローンの審査の際、自動車ローンやカードローンの返済状況によっては、大きな影響を与える可能性もあります。

このように、あなた自身の予算的な目途がつけられることと、世の中の買い時といわれるさまざまな要素とは必ずしも一致しません。

自分たちが「家を購入する準備」の整ったタイミングで、はじめて「使えるおトクな制度は何があるのか？」とじっくり見ていくのが正しい順番です。

02 好景気でも不景気でも、なぜ「いまが買い時!」というのか?

常に制度は存在している、焦らないこと!

家を買うと、「いまならおトク」という、何かしらの制度が常に存在します。もし空前の好景気で世の中、羽振りのよい話ばかりが聞かれる状況下で、あなたが住宅展示場に行けばきっと営業マンはこういうでしょう。

「半年先延ばしにすると、住宅ローンの金利もどんどん上がっていき、結局ソンをしますよ。それに建築資材も高騰してしまって、お金が貯まってから買おうなんて悠長なことを思っているうちに建築コストも高くなってしまいます。いまが一番! 金利も低いですし、絶対におトクですよ」

逆に、マイナス金利下の現在なら、こういうかもしれません。
「歴史的な低金利なので、いまなら家賃並の返済額でこんな物件にも手が届きます。条件が合致すれば、家を買うだけで×××という給付金が最大で30万円もらえます。他にも○○という補助金を実施しています。この補助金の締め切りはあとわずかですので、早めに決断をされたほうがよいですよ。来年も同じ補助金があるかどうかは、わかりません」

景気が悪いということだけが要因ではなく、国として政策的に省エネを進めたいという姿勢の表れですが、たとえば太陽光発電システムを設置することに対しての補助金や省エネ住宅を建築することで補助金がもらえるなど、その時の政策に即した補助金制度がタイミングによっては使えます。

独自キャンペーンで売り支え

そして、住宅市況が冷え込んで受注状況が芳しくないとハウスメーカーなどの売り手も困るので、各社独自のキャンペーンを実施します。

「先着○組　成約のお客様限定　キッチングレードアッププレゼント」や「○○万円分のオプションプレゼント」と、それはそれで金額的にメリットのあるお話が出てきます。これも購入を検討している人からすると、気になる情報です。

それでも受注に苦戦するようなら、追加の値引き額が大きくなっても（利益が小さくなっても）、受注を取りたいというのが売り手側の心理です。

私が在籍したハウスメーカーでも受注環境が厳しかったときには、目の前のお客様を取りこぼすわけにはいかず、値引き額が大きくなっていた時期がありました。

正直な話、ハウスメーカーですと、「受注金額が低いから建材の質を下げる」などという個別対応はむしろ面倒で、ありえない話です。正規の値段でご契約いただいた方と変わらない材料で建築をしますので、結果的にこの時期に建築をされたお客様は非常に金額的にはおトクだったと感じています。

こんな感じでいつでも政策的に買い時だと考えられる時期と、売り手側の都合による買い時がありますので、いつでも「買い時」だといえるのです。

03 家は「買わなければいけないもの」なのか？

一生賃貸だって、いいじゃない

ご相談者の中に「**そろそろ住宅ローンを借りないと、年齢的にまずいですよね？**」とおっしゃる人がいます。質問の趣旨としては「家を購入するつもりなら、住宅ローンの完済があまり遅くならないうちに借りておかないと、老後に響くよね」ということです。私としては、「別に、必要なければ借りなくてもいいのでは？」と喉《のど》まで出てくる言葉を抑え、やはり、「家、欲しいですか？」と聞いてみます。

そういう人はたいてい、「欲しいというか、そろそろ買わないといけないと思うのです」とおっしゃいます。金額が大きい割には、漠然と考えている人があまりに多いのです。マイホームの取得は義務でも、強制されるものでもありません。賃貸に住み続けるのも、マイホームを手に入れるのも自由です。

一生賃貸に住み続けるのとマイホームを持って住宅ローンを払うのではどちらがトクかという議論がありますが、経済的にはあまり大きな差はないといわれます。

持ち家派の人は、住宅ローンを払い終われば自分の物であり、それ以降の住宅費が大幅に減るのでよいと考えます。また自分の物にもならないのに家賃をずっと払い続けるのはもったいないとも考えます。

一方、賃貸派の人の中には「住宅ローンを『投資』と考えると、そこからの金銭的な収益が見込めないからマイホームは購入したくない」という人もいます。そういう人は、収益が生まれるような物件の購入ならば検討に値するのでしょう。

ある投資家とお話をしていた時に、「住宅ローンを借りてまで家を購入する人の気持ちがわからない」といっていました。大きな借金までして、しかもそこから何も収益を生まないなんて、投資の観点からはあり得ないからです。

本当に家が欲しいのか？　流されているだけか？

どの考え方にも、一理あります。ですから、結局のところ、あなたにとって「家」って何ですか、という最初のところに行きつきます。収益を生まなくても「家が必要で、欲しい」のであれば買えばよいでしょう。周囲は買っているけれど、自分たちはあまり欲しいとは思わないなら、わざわざ買う必要はありません。

あなたは家が欲しいのですか？　それとも周囲に流されているだけですか？

もし本当に「欲しい」のであれば、不動産業者もハウスメーカーもあなたの「欲しい」という要望を誠実に実現しようとしてくれます。

先日、ある不動産仲介会社の社長がこんなことを話していました。

「不動産業者の役割は、家が欲しいと考えているお客さんに、その希望を叶えさせてあげることです。だからもし住宅ローンの審査に難航するお客さんがいれば、多少、条件が悪くても借りられる金融機関を血眼になって探してくる。それが私たちの役割です」と。

すべてはあなたの気持ち一つです。買うなら、買うなりの覚悟が必要なのです。

04 家を買ってから後悔する人々

私がかつて、住宅業界の新人として住宅展示場に勤務していた頃の経験です。住宅展示場に来場されるお客さんの中に、マンションや建売住宅を買ってからまだ数年以内という人が必ずいました。

経験の浅い私は最初、「新築マンションを買って間もないのに、早くも注文建築で家を建てられるなんて、すごいな」と思っていたものです。でも、展示場を案内しながらいろいろと話を聞き出していくと、そうではないことがわかってきました。

Aさん——マンション購入2年めで一戸建て？

新築マンションを買って2年目という男性Aさんは、部屋数が足りなくなったために現在のマンションを売り、一戸建てに住み替えたいといいます。急に家族が増えたわけでもないのに部屋数が足りなくなるなんて……。

話を伺うと、マンションを買うときにはよく考えず、勢いで買ってしまったといいます。それでも部屋数が足りるかどうかはイメージができそうなものですが、モデルルームを見学に行き、残り少なくなった部屋を前に「いま、申し込みしなければ、この部屋は他のお客さんのものになってしまいます」と煽《あお》られ、あわてて申込みをしたということです。

マイホームの衝動買いは、意外に多いものです。展示場もモデルルームも、興味本位で覗きに行っていることも多いと思いますが、自分たちに必要な買い物なのかどうか、必要な条件を満たしている物件なのかどうか、一歩引いて冷静に考える時間も大切です。

Bさん——生活シーンのイメージをしないまま購入したツケ

住宅展示場に来たBさんは、地元の不動産業者が販売していた建売住宅を購入したけれど、間取りが使いづらくて毎日、家に帰ってはイライラが募るとのこと。建売住宅も基本的には完成した物件を見学して判断しているのに、そこでの生活シーンをイメージしないまま購入してしまったのでしょう。

家に対する価値観はいろいろですが、**マイホームの購入で失敗するケースで多いのは、勢いだけで決めてしまう場合**です。そんな人の場合、購入直後だけ満足感が高く、その後は満足感が下がり続け、いつしか苦痛でしかないマイホームに住宅ローンを払い続ける。そんな不幸な生活を送ることにもなりかねません。

「注文建築なら満足できるだろうけど」と思うかもしれませんが、そうとは限りません。最近の相談のケース（Cさん）の中にも後悔しているケースがありました。

Cさん――建築条件付きの土地を購入したが

Cさんは建築条件付きの土地の購入を決めました。「建築条件付き」とは指定の建築会社で建築をすることを条件に土地を販売する販売方法です。

建築会社を自由に選ぶことはできませんが、注文建築が可能ですので、自分たちの希望を入れた家づくりは可能です。しかし指定の建築会社が自分たちの希望を取り入れた建築ができるかどうかはわかりません。最近は複数の建築業者を指定業者にしてその中から選べるようにしているケースもありますので、比較することが可能なケースもあります。

Cさんのケースでは指定の建築業者は1社でした。注文建築もやっているとはいっても、建売住宅の建築がメインの会社でした。

Cさんはいろいろと家に対するこだわりがあり、設計士に希望を伝えていきました。でも設計士から提案されるプランはどれも満足に値するものではなく、時間ばかりが過ぎていきます。1階と2階の階段位置がズレているなんてあるまじきプランの間違いをCさんが指摘して直している始末。設計士に対する信頼もなくなっていきました。残念ながら、Cさんの細かい要望に答えるだけの力が、その設計事務所にはありませんでした。

設計事務所と建築会社の変更を不動産業者へ相談はしたものの当然ながら受け入れてはもらえず、着工の時期を未定にして満足するまで打合せをしてもよいという譲歩をもらえただけでした。

実は、Cさんからは土地の購入前に相談を受けました。Cさんのこだわりを聞いて、「建築会社を選べない建築条件付き土地の購入は慎重になったほうがよい」と私からは懸念を伝えていました。Cさん自身も、注文建築の経験が豊富な独立した設計事務所との家づくりを望み探していましたが、どうしても希望エリアの変更はしたくないし、この土地の環境には満足しているということで購入に踏み切った経緯がありました。

結局、設計段階で躓《つまず》いてしまい、現状は設計のセカンドオピニオンをしてくれる設計士を紹介し、基本プランから見直す流れで進んでいます。

Cさんの場合、「エリア重視」と話されていましたが、本当は**「エリア」以上に「建物」へのこだわりがあり、そちらを実現することのほうが大切だった**のかもしれません。

Dさん――その判断が最悪のケースをもたらした

結婚が遅かったDさんには子供がおらず、奥さんとのふたり暮らし。Dさんの実家は埼玉県のＪＲの駅から歩ける好立地にあり、高齢の両親の面倒も見なければいけなくなるという気持ちもあり、同居に難色を示す奥さんを説き伏せ、実家での二世帯住宅への建て替えを決断します。

工事は順調に進んでいたのですが、完成まであとわずかという時期に奥さんから離婚を突き付けられます。二世帯住宅建築を強行したことが引き金になり、それまでの不満が爆発した形でした。完成した新居に奥さんは住むことはなく別居。高齢の両親は息子の離婚騒ぎがストレスになったのか新居の完成後、しばらくして相次いで他界。

いまでは、広い二世帯住宅に単身で暮らすDさん。住宅ローンは両親が残してくれた遺産で繰り上げ返済をして残高は減りましたが、まだ返済は残っています。なにより使わない部屋のためにローンを払い続ける虚しさも残ります。

Eさん――離婚後のローンは引き継げるか？

二児の母のEさんはご主人が住宅ローンを借りて、奥さんの実家を建て替えて、一人暮らしの自分のお母さんと同居を始めました。

家を建て替えて2年後、ご主人のお金遣いの荒さがきっかけで離婚をすることになります。建物の名義はご主人ですが、そもそもは奥さんの実家です。当然のようにご主人が家を出ていくことになりました。

しかし住宅ローンを借りているのはご主人です。奥さんとしては、家を出ていったご主人が住宅ローンを支払わなくなるのではないかと不安です。奥さんは、自分がローンを引き継ぐ覚悟はできていましたが、離婚が決まってから仕事を始めたため、住宅ローンを引き継げるほどの収入はまだなく、銀行からもご主人から奥さんに債務者を変更するには収入が増えないと、いまは難しいといわれています。

離婚を前提にして家を買う人はいませんが、いざ離婚することになると「住宅ローンをどうするのか」は切実な問題に発展します。

「家を持つ」ということは自分たちの行動に縛りを加えることにもなる、ということも考慮して決断をしたほうがよいのではないでしょうか？

05 家を買ってはいけない人！

資金が用意できれば誰でも家は買えます。でも、買ってはいけない人がいます。これまで関わってきた人、見聞きした人を思い返してみました。

クルマを買う感覚で家を買う人

クルマをローンで購入し、数年乗ったら下取りしてもらって、次のクルマを買うという感じでクルマを乗り継ぐ人がいます。それと同じ感覚で、家も何か住めない事情が出てくれば売ればよいと考える人がいます。

理屈はそうなのですが、クルマは中古市場がよく発達しています。数年後の自分のクルマの相場もおおよその目安がつきます。日本国内だけではなく、海外へも売れる可能性があります。動産だからこそ、エリアに関係なく売れる強みです。

いくらインターネットが普及しても、**家は不動産と呼ばれるように、動かすことはできません**。そのエリアを希望し、探している人にしか売ることはできません。ましてや中古物件は買うほうも不安が多く、近くに新築物件が売りに出ればそちらも気になります。自分の都合の良いときに希望の金額で売却できるとは限りません。

また、クルマと同じ発想の人は自己資金をあまり出したがらない印象があります。借りられるなら諸費用までフルに借りて、売りたい時に売れば持ち出しはしないで済むのではないかと考えるようです。そもそも諸費用まで借りている時点で物件の購入金額以上のローンを借りているので、売却して住宅ローンを完済するというのは厳しくなります。

クルマと家の購入は金額の桁も違いますが、手放す時の環境も違うということをしっかりと認識したほうがよいでしょう。

調べまくって深みにはまる人

自分で調べて勉強することはとても大切です。実際、売り手である業者と対等に交渉するにはまったくの無知では交渉にもなりません。ところが、度が過ぎると逆に買えなくなります。

●A工法とB工法、どちらの性能がよいのか？
●Xの断熱材とYの断熱材、どちらが高いのか？

そんな事柄を一般レベルではなく、スペックは建築家レベルまで深く知ろうとする人もいます。それこそ専門書まで読み込みそうな勢いです。

あなたがこれから建築士の試験を受けるというなら止めませんが、本業のお仕事も家族との予定もあるのに、そこまで時間を費やしても結局どれがよいのか判断がつかなくなり、最終的な決断もできなくなります。なぜなら、比較対象になるものはそれぞれに一長一短があるからです。

勉強をせずに営業マンにすべて任せてしまう人

家を買うなんて、とくに初めはわからないことだらけです。人生で1回かせいぜい2回しかない出来事で、不動産業者でもない限り、慣れているほうが珍しい話です。

だからといって、営業マン任せにするのも考えものです。「素人の自分が口を挟むより、プロに任せたほうが間違いないだろう」といえばそれらしく聞こえますが、それは責任放棄です。

自動車は車種をいえば、どの支店・どの営業マンから買っても同じ性能の商品が手に入ります。でも不動産はそうはいきません。同じ分譲地内に並んだ土地だって、位置が変われば日の当たり方も風通しも変わります。生活の仕方も変わるかもしれません。

わからないことは営業マンに質問するなど、自分たちでも理解する努力をしましょう。何もいわないお客さんには、営業マンは「理解してくれているもの」と勝手に解釈します。後から「こんな話は聞いていない」といわれても、営業マンは自分たちに非がないようにやるべきことはやっています。都合の悪い話を隠したりはしませんが、さらっと説明をして、「説明を受けました」という趣旨のサインをもらっているかもしれません。

住宅ローンだって、もっとよい条件のものがあるかもしれないのに、何も言わないから営業マンが使い慣れた銀行を勧めているだけかもしれません。

あなたの家です。あなたがきちんと理解しましょう。

営業マンは、むしろわからないことを細かく質問されるほうが取引に緊張感も出てきます。実際、「言った　言わない」のトラブルも減るので、そのほうが安心するのです。もし、質問をされて調べることを面倒くさがる営業マンなら、変更してもらうほうがあなたのためです。

インターネットの情報を信じすぎない！

インターネットで検索すれば、さまざまなサイトから住宅取得に関する経験談を入手できます。ただ、こういったサイトに書き込んでいる人は、必ずしも専門家ではありません。中には、ご自身があまりよい思いをしなかったからか、とても悪意に満ちた書き込みをする人もいます。また勘違いして、少し違った内容で書き込んでいるケースもあります。

ご自身で勉強をすることは大切ですが、自分たちで判断ができるようになることが目的です。勉強してもわからないことは営業マンに直接、教えてもらってもよいのです。はっきりと、「これとあれだと自分たちのデメリットはなんですか？」などと聞きたいことをストレートに聞いてもらったほうがよいと思います。

インターネットの情報は参考にはしても、鵜呑みにはしないように気を付けましょう。

第2章

人生の主役はあなた。マイホーム計画の主役もあなた。

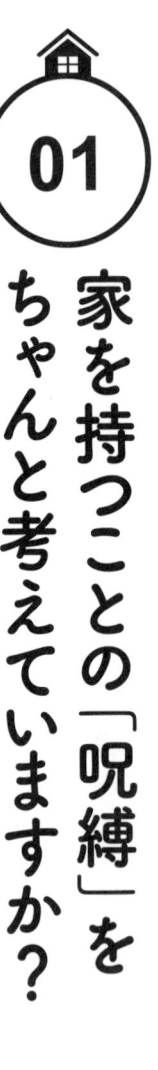

01 家を持つことの「呪縛」をちゃんと考えていますか？

家を買うと、どんなメリットがある？

「衣・食・住」の中でも、「住まい」は生活を送るために必要不可欠な存在です。もちろん、その住まいは所有しても、借りてもかまいません。

ところが、多くの人は「結婚して子供が生まれたら、できれば子どもが小学校に入学するまでにマイホームを持ちたい、それが幸せな人生だ」と考えます。もちろん、マイホームを持ってもよいのですが、**「家は持たなければいけない」ものではない**、ということを一度、考えてみてもよいと思います。

日本人は不動産の所有に特にこだわりが強いとされます。高度経済成長期には賃貸アパート住まいから分譲マンションを購入し、最後は一戸建てに住み替える「住まいの理想形」がありました。現在はその考え方が多様化しているとはいえ、依然として存在しています。私が考える、マイホームを持つことのメリットをいくつか挙げてみましょう。

- 賃貸物件に比べて自由に内装を変更できる
- 汚す、壊すことに賃貸物件ほど気を使わなくて済む
- 大家の都合で退去を求められることはない
- 「不動産」という資産を保有している満足感がある
- 自宅を担保に資金調達するという「セイフティーネット」になり得る
- 定住地を確保できた安心感がある
- 住宅ローンを完済すると、住宅費が激減する
- 世帯主が亡くなっても、団体信用生命保険の適用でローン返済し、住まいを確保できる

家を持つことのデメリットは？

次に、家を持つことのデメリットも考えてみたいと思います。

前章でも述べたように、**マイホームを購入すると、「住む場所を変えづらくなる」**ことは、賃貸の比ではありません。とりわけ、住宅ローンを借りていれば、転居が簡単にはいかないのは想像に難くないと思います。

自分が家主となって賃貸することも可能ですが、住宅ローンを借りて購入した自宅を住宅ローン返済中に他人に賃貸することを原則は銀行が認めないか、あるいは金利優遇がなくなり、毎月の返済額が増える恐れもあります。転勤などのやむを得ない事情があれば、話は変わってきますが、原則として認められていません。

住む場所を変えづらいということは、**家を買うときには家族の将来の成長も踏まえておかないといけない**ということです。

部屋の広さや収納量などは生活のしやすさにも直結してきます。特に子供が成長すれば物も増えます。それらの物を収めるための収納量をどう確保するのか。ただ家が欲しくて、通勤に便利な場所に手頃な金額で物件があったので、狭小な家だったけれど買ってしまった……というパターンは、気を付けるべきです。

それに対して、賃貸物件なら家賃そのものは高くなるかもしれませんが、子供が独立するまでの間だけ広い部屋に引っ越しをするという選択肢も取れます（独立後は狭い部屋に転居する）。

家を持っているだけで意外にお金がかかる！

次のデメリットとして考えられるのは、**建物の修繕費用がすべて自己責任となる**ことです。原因が火災保険の適用範囲のことなら保険金を請求できますが、通常の使用での故障なら、やはり自分で負担しなければ修理もできません。賃貸物件を借りている場合には、設備の故障も通常の使用をしていたのなら、家主負担で修理をしてくれます。

買う前に想定していたよりも、家を保有するだけで意外にお金がかかると感じる人も多いようです。購入当初は別として、長く住んでいると設備の故障、とくに一戸建ての場合は外壁の塗装や屋根瓦の交換、バルコニーの防水処理のやり替えなど数十万円から数百万円の支出が発生する恐れがあります。

さらに、住宅ローンの返済が苦しいと感じるようになったときも、家を持っていることを後悔しがちです。家を買う頃は夫婦共稼ぎで、子供も小さかったから教育費もかからず、家計には余裕があったでしょう。その後、子供が増え、奥さんが仕事を辞め、教育費もか

かり始める。すると、

「毎月、毎月、どうしてこんなに支払うものが多いの？」

「貯金が増えないどころか、ボーナスで毎月の赤字を穴埋めしている状態で苦しい」

なんて状態になるかもしれません。それでも、住宅ローンの返済は続きます。ローンは完済しなければ解放されません。特に住宅ローンはその期間が数十年と長いのが特徴です。

「家賃」ではなく、「借金を背負う」ということをしっかりと認識しないといけません。


以上、家を持つことのデメリットを挙げてみました。私は「家を買うな！」といいたいわけではありません。家を買うことを簡単に考えないでほしい、と伝えたいだけなのです。安易に考えたために、「持ち家」の呪縛で動けないということが起きます。こういったデメリットも理解したうえで、それでも「自分たちは家を欲しい、家が必要だ」というならぜひ、満足できるマイホームを探してほしいし、応援したいと思います。

人生の主役であるあなたが一番輝ける舞台としてのマイホームを実現してほしいと思っているからです。

02 あなたと家族が望む生活とマイホームの役割は？

どんなマイホームが欲しいの？

マイホームが欲しいと考え始めたとき、まずは住宅展示場に足を運び、インターネットでマイホームに関するいろいろな情報を検索するのが一般的でしょう。

でも、まだ自分たちが**「どんなマイホームが欲しいのか」が決まっていない段階では、安易に住宅展示場に行かない**こと、とくに「自分の名前・住所を書かない」こと、これが鉄則です。

住宅展示場に行くなら、自分たちの理想の住まいの条件がまとまってからでも決して遅くはありません。むしろそうしないと、営業マンの話に振り回されることになります。たとえば、「A社の営業マンは木造を奨めてくるし、B社では鉄骨がよいという。どっちがいいのか？」という話も、結局は自分たちがマイホームに何を求めているのか、それがわからなければ正解は選べません。自分たちの判断基準を持っていないうちに、いろいろな選択肢を並べられても、どれがよいのか判断ができないということです。

マイホームを持つ基準とは？

では、マイホームを探す際の判断基準とはどんなものでしょうか？

表面的には駅からの距離や日当たりが良い立地とかそんな条件が浮かぶかもしれません。でも、もっと大切なことがあります。それは**あなたと家族が「今後、どんな生活を送りたいのか？」**です。大げさにいうなら、「どんな人生を歩みたいのか？」です。

前に、家を持つことの呪縛に触れましたが、あなたの人生を考えたとき、いま、ここで家を持たないほうがよいという選択肢もあるのではないでしょうか。将来は田舎暮らしをしたいとか、海外移住を夢見ていませんか。

家を持って、どんな生活を望んでいるのでしょうか？　ホテルライクな生活でしょうか？　自然素材に囲まれた健康的な生活なのでしょうか？　休日はお庭で家族や友人を呼んでバーベキューをするような生活でしょうか？

●部屋の中は物がないシンプルな生活をイメージしていますか？
●逆に、物に囲まれた暮らしをお望みですか？
●そもそも、現在の住まいに関する不満点って、どんなことですか？
●あなたや家族にとって、家って何ですか？

……禅問答のような話ですが、最初に考えておくことが後からとても大きな意味を持ってきます。

将来、どんな人生を送りたいのか

こんなご夫婦がいました。ご主人は自営業、奥さんは会社員。小さなお子さんがひとりいます。当初は家を買おうかどうか迷われていましたが、結局、買うことをやめました。なぜなら、将来は海外に移住したいという夢があることを再認識したからです。その結果、住宅ローンを借りて日本で家を買うと、海外移住の夢の足かせになるかもしれないと考えたのです。

別のある家族は自分たちの生活イメージを実現するために優先順位をしっかりと決めて、理想のマイホームを実現しました。その生活イメージとは、お友だちや知り合いが集まってくる「カフェのような空間」であり、アウトドア派のご主人の嗜好を満たすため、庭でバーベキューができる快適な空間を確保することでした。

このご家族のマイホームは敷地に対して建物は小さく設計されています。その代わり、敷地内には植木を贅沢に配置し、ちょっとした森の中のような雰囲気を醸しています。そして、リビングからの続きでウッドデッキを配置し、バーベキュースペースの一部としても快適に使えるように配置されています。

こういった工夫は設計士との打合せのなかで実現していくものですが、自分の生活イメージや要望をしっかりと持てていないと、打合せの場でも話題にも挙がりません。インテリア雑誌などで「これ素敵！」と感じたとき、なぜ、自分はそれを素敵と感じたのか、その価値観を自分自身で知ることができると、イメージを固めやすくなるかもしれません。

03 10年後、20年後、30年後の自分たちの姿を考える

つくってみよう、家族の未来年表

マイホームはひとりで住むわけでありませんし、ご夫婦でも価値観が違うことは当然あります。特に注文建築を選ぶ場合は、打合せの過程でご夫婦の価値観の違いが浮き彫りになることがままありますから、「どんな人生にしたいのか」については、できるだけ家族で話し合っておくべきです。

いま、世の中は子供から大人までみんな多忙です。自分たちの10年後、20年後、30年後なんて考えている暇もありません。でも、**マイホームを考えるなら、少しだけ立ち止まって10年後、20年後、30年後を考えてみませんか？**

そんなに難しく考えることはありません。一枚の紙を用意して、横向きに置きます。そ

2024	2025	2026	2027	2028	2029	2030	2031	2032	2033
44 44	45 45	46 46	47 47	48 48	49 49	50 50	51 51	52 52	53 53
13歳 中1	14歳 中2	15歳 中3	16歳 高1	17歳 高2	18歳 高3	19歳 大1	20歳 大2	21歳 大3	22歳 大4
11歳 小5	12歳 小6	13歳 中1	14歳 中2	15歳 中3	16歳 高1	17歳 高2	18歳 高3	19歳 大1	20歳 大2
64歳	65歳	66歳	67歳	68歳	69歳	70歳	71歳	72歳	73歳
61歳	62歳	63歳	64歳	65歳	66歳	67歳	68歳	69歳	70歳
66歳	67歳	68歳	69歳	70歳	71歳	72歳	73歳	74歳	75歳
63歳	64歳	65歳	66歳	67歳	68歳	69歳	70歳	71歳	72歳

して左から右に一本の線を引きます。一番左が「今年」です。次に、家族それぞれの年齢を書いてみましょう。右にずれると「来年」、さらに「再来年」といった感じで家族の未来年表をつくってみましょう。（図1）

お子さんがいる場合は、お子さんの入学や卒業など、決まってくるイベントを書き加えます。さらにご夫婦の両親の年齢も加えてみましょう。

自分の年齢を軸に考えると、**子供が独立する頃には自分たちは何歳になっているか**。そして両親が健在なら何歳になっているか。ただ、それだけの情報です。

しかし、そこからいろいろなことが見えてきます。もしご結婚が遅いご夫婦なら、お子

■図1　家族の未来年表をつくってみよう！

	西暦	2016	2017	2018	2019	2020	2021	2022	2023
年齢（年末時点）	世帯主 配偶者	36 36	37 37	38 38	39 39	40 40	41 41	42 42	43 43
	長女	5歳 年中	6歳 年長	7歳 小1	8歳 小2	9歳 小3	10歳 小4	11歳 小5	12歳 小6
	次女	3歳	4歳 年少	5歳 年中	6歳 年長	7歳 小1	8歳 小2	9歳 小3	10歳 小4
	祖父	56歳	57歳	58歳	59歳	60歳	61歳	62歳	63歳
	祖母	53歳	54歳	55歳	56歳	57歳	58歳	59歳	60歳
	祖父	58歳	59歳	60歳	61歳	62歳	63歳	64歳	65歳
	祖母	55歳	56歳	57歳	58歳	59歳	60歳	61歳	62歳

さんが成人するころには定年に達しているかもしれません。その頃のご両親の年齢を確認したら、介護も検討しないといけない頃かもしれません。

ライフプランに合ったキャッシュフロー表

日本人の平均寿命は男性で80・79歳、女性が87・05歳です（平成27年簡易生命表　厚生労働省）。さらに日常生活に制限のない期間、つまり体も健康で過ごせる「健康寿命」は平成25年時点で男性が71・19歳、女性で74・21歳（平成27年度　藤田保健衛生大学教授　藤田修二　研究報告書）と推定されています。

2025	2026	2027	2028	2029	2030	2031	2032	2033	2034	2035
45 45	46 46	47 47	48 48	49 49	50 50	51 51	52 52	53 53	54 54	55 55
14	15	16	17	18	19	20	21	22	23	24
546	548	535	540	552	770	670	596	521	444	574
591	596	600	605	610	615	620	625	630	635	640
350	350	350	350	350	350	350	350	350	350	350
										800
				200						
12	12	3								
953	958	953	955	1,160	965	970	975	980	985	1,790
77	77	77	77	77	65	65	65	65	65	65
49	64	48	43	37	170	143	144	145		
250	250	254	250	250	250	250	250	250	250	250
328	331	335	338	341	345	348	352	355	287	290
40	40	30	30	30	30	30	30	30	30	30
141	142	143	143	144	145	146	146	147	148	149
68	69	65	65	66	65	65	66	67	77	78
954	973	951	946	945	1,069	1,047	1,053	1,059	857	861
▲1	▲15	3	9	215	▲104	▲77	▲78	▲79	128	929
3	3	3	3	3	3	3	3	2	2	3
548	535	540	552	770	670	596	521	444	574	1,506

■図２｜キャッシュフロー表をつくる！

	西暦	2016	2017	2018	2019	2020	2021	2022	2023	2024
年齢（年末時点）	世帯主 配偶者	36 36	37 37	38 38	39 39	40 40	41 41	42 42	43 43	44 44
	長女	5	6	7	8	9	10	11	12	13
年初金融資産残高		910	984	462	470	496	516	530	543	547
その他の収入	世帯主年収	550	554	559	563	568	572	577	582	586
	配偶者年収	350	350	350	350	350	350	350	350	350
	退職金合計									
	公的年金									
	保険金（生存給付金）									
	定期収入									
	臨時収入									
	児童手当	12	12	12	12	12	12	12	12	12
収入合計（A）		912	916	921	925	930	934	939	944	948
3大支出	保険料	78	78	78	78	77	77	77	77	77
	教育費	47	55	36	30	32	36	38	47	52
	住宅費	155	743	250	250	250	250	250	250	250
その他の支出	基本生活費	300	303	306	309	312	315	319	322	325
	定期支出	72	68	52	40	40	40	40	40	40
	臨時支出									
社保税金	社会保険料	126	128	129	129	135	138	139	140	140
	所得税・住民税等	65	65	66	66	66	66	67	67	68
支出合計（B）		843	1,440	915	902	912	923	929	942	952
資産運用：投資額(C)										
資産運用：取り崩し額(D)										
年間収支(A-B-C+D)		69	▲524	6	23	18	12	10	2	▲4
金融資産の運用益		5	2	2	2	2	3	3	3	3
年末金融資産残高		984	462	470	496	516	530	543	547	546

健康寿命に達してから寿命をまっとうするまでに、男性で約9年間、女性で約13年間は体に何かしらの不具合が生じている可能性がある、ということです。ご両親に介護かサポートが必要な時期は、自分たち家族の状況はどんな状態を想定できるでしょうか？　ご両親の生活をサポートしなければいけないなら、それは可能でしょうか？　もし難しそうならご兄弟などとの協力体制はつくることができそうでしょうか？　そして自分たちの将来はどんな生活や人生を実現したいのでしょうか？

こんなふうに考えていくと、いま、マイホームを買う必要性や目的も、よりはっきりしてくるのではないでしょうか？　こう考えた家族の未来予想図のことを**ライフプラン**ということもあります。

こういったライフプランに自分たちの収入や支出を加味して作成したシミュレーションが、前ページのキャッシュフロー表（図2）です。

あくまでもシミュレーションですので、その通りになるとは限りません。それでも「目安」として確認できます。

「未来予想図」を見ながら考える

そうこうしているうちに、自分たちの収入も下がってくるかもしれません。老後の自分たちの生活は成り立つのだろうか？　そんな家計の「未来予想図」が現われます。

未来予想図を見ながら、なかにはマイホームは不要という想いに至る人もいるかもしれません。あるいは、予算を下げて探そうとか、やはり将来を考えたときにマイホームには譲れない要素があるので妥協したくないなど、自分たちなりの基準が現われてくるものです。いずれにしても、買うも買わないも自分たちの選択です。

そしてここで自分たちなりのマイホームの目的や生活のイメージのことを、別の表現をすると、家族のマイホームへの「想い」ともいえます。

この「想い」を持っておくことが、今後、新居に入るまでに繰り返し訪れるさまざまな決断の場面で大きな効能をもたらします。逆に、この「想い」を持たずにマイホーム探しを始めたことで、あとになって苦しむ家族を何組も見てきました。「想い」を持つことの効能は後ほど、触れたいと思います。

■ 図3 ｜ 未来予想図を考えるための家族の未来チェックリスト

- □ 自分たちは何歳まで働くのか？　働けるのか？　働きたいのか？
- □ 奥さんが働いているなら、何歳まで働くのか？
- □ 子供たちの夢は？
- □ 子供たちの学費はすべて親が負担してあげたい？　それとも、一部だけにしたい？
- □ 両親の介護や生活サポートが必要となるとき、対応する意思がある？　ない？
- □ 両親の介護や生活サポートで協力体制をつくれる協力者のあてがある？　ない？
- □ 自分たちの老後はどこに住みたい？
- □ 自分たちの趣味は？　それはお金がかかる？
- □ 環境が許すならやりたいことがある？　それはなに？
- □ 住宅ローンを借りても貯金や資産を増やしていける自信がある？

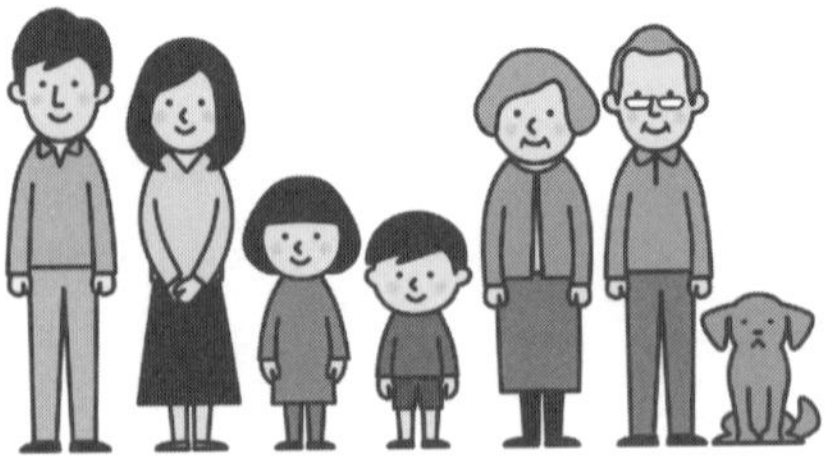

04 なぜ、売り手のペースに乗せられてしまうのか？

「あなたのマイホームだから、あなたが決断しなければいけません」――こういわれたら、「そんなこと、当たり前でしょ？」と思うかもしれません。

でも、あえてこれを私が告げなければいけない実例をふたつ挙げます。

手付をしないと物件を逃してしまうという不安

Aさんから相談依頼の連絡をいただいた際、「土地を探していて、よい物件が見つかったのですが、来週末までに買うかどうかの返事をしなければいけない状態です。予算のことが心配なので、急いで相談に乗ってほしいのですが……」と切羽詰まった感じでした。

ご自宅にうかがい、状況をうかがっているとある違和感を覚えました。

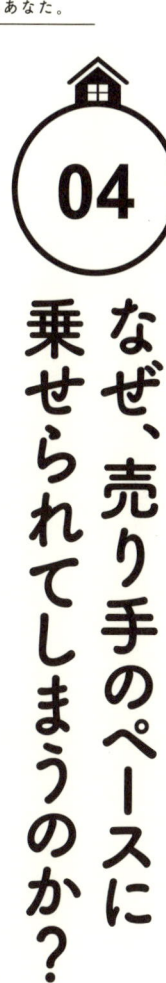

ご本人は「まだ契約をしていない」ということですが、不動産会社とのこれまでの経緯を聞くと、すでに契約の一連の流れを踏んでいるように感じたからです。

不動産会社からもらっている資料などをすべて出してもらい確認します。物件資料などたくさんの書類の中に、ひときわ嵩張る書類がありました。手に取ると、土地の売買契約書と重要事項説明書でした。紛れもなく契約書です。さらに、まだ何も打合せをしていないというのに、建物の請負工事契約書も交わしてあります。

Aさんに「これは契約書のようですが、契約した認識はありますか？」と聞くと「え？これ契約書なのですか？」とご夫婦で驚く様子に、むしろこちらが驚きます。

話を聞いてみると、「優良物件なので、他にも問合せが来ています。来週末まで残っているかどうかわかりませんよ」と営業マンが**「このまま帰ると物件を逃すかもしれない」という不安感**をAさんに植えつけたようです。

そこでAさんはその物件を押さえておく目的で、現金を数十万円引き出して支払ったそうです。事務所では難しい内容の書類を説明され、署名をしてきたとのこと。Bさんは「物件を一週間押さえておいてもらうための書類」と思っていたようですが、実はその書類が重要事項説明書であり、売買契約書だという認識はまるでありませんでした。

このような話をすると、「まさか、そんな人はいないでしょう？」と思うかもしれませんが、紛れもない事実です。ある意味、営業マンの巧みさに脱帽ですが、お客様は工事の請負契約書まで交わされていました。建築会社が限定される建築条件付きの土地ではありません。さすがに請負契約書は図面も見積書も何もないのに、契約書だけ交わされている異常な状態でしたので、まず請負契約書は解除するようにAさんにアドバイスしました。

土地については契約手続きに必要な重要事項説明はされており、本人の署名もあります。不動産取引上、売買契約をするのに必要な手続きは取られていますので、簡単に解約というわけにもいきません。

結局、土地の契約は解約せずにコスト的に安く建てられる工務店を他に探し、建築をお願いすることになりましたが、不本意に建物を妥協する形になりました。

間取りが決まっていない段階での「とりあえず契約」？

Bさんも、土地から購入しての注文建築を希望されていました。建築条件のない建築会社を自由に選べる分譲地を見つけて購入を決めました。建物は住宅展示場も見て回り、いくつかのハウスメーカーを候補にしました。土地の購入を決めたBさんのようなお客様は各メーカーとも、ぜひとも契約したいお客様です。候補の大手ハウスメーカーが2回目の商談で執拗に契約を迫ってきます。

「今月、契約してくれれば、〇〇万円サービスできます。今月は決算なので、これ以上の金額もできるだけ上司に掛け合います」と。間取りも決まっていない段階なので、「もう少し打合せを進めて、他社とも比較して決めたい」というBさんに対して、営業マンがこういいます。

「間取りや仕様は契約後でも、じっくり打合せできます。今日お持ちしているプランから面積を大きく変えないなら、値引き金額はこれでお約束します。正直、うちのメーカーでここまで値引きできるのは、今月しかありません。今月契約していただければ、この値引きを適用させる権利を持てることになります。もし、契約後も納得できなければそのときはキャンセルにも応じ、契約金もお返しします」

この会社は誰でもその名前を知っている大手ハウスメーカーです。Bさんもこのメーカーに対して不安も心配もしていませんでしたので、まだ計画内容も固まっていない段階で、Cさんはこの大手ハウスメーカーと請負契約をします。「とりあえず契約」です。

契約後、打合せを重ねていき、仕様や間取りは気に入るものになりましたが、建築費が思いのほか膨れ上がりました。住宅ローンの借入額を増やすことになりました。銀行の融資については承認を得られているものの、はたして返済していけるかどうか心配で相談に来られたのです。

契約時の値引き額の約束は守られているものの、そもそも契約時に計画内容が固まっていたわけではありません。契約時には説明のなかった諸費用が追加され、契約前にはご自身でも曖昧だった新たな要望を加えると建築費が高くなり、資金計画が狂い始めていました。Bさんに対しては、この建築費で将来の家計が成り立つのか、家計シミュレーションを行ないました。結果はとても厳しいものとなり、計画内容を大幅に見直さなければなりませんでした。

最終的には契約時よりも数百万円のアップとなってしまい、Bさんも計画内容を抜本的に見直す決断をしました。そしてハウスメーカーへ計画内容の見直しを打診しました。

ところがハウスメーカーからは、もう着工スケジュールに組み込んでいるので、これからの変更には応じられないという返事。契約は強引だったかもしれませんが、契約後の打合せを重ね、計画内容を詰め、住宅ローンも銀行から融資承認が得られています。建てられない理由はありません。ハウスメーカーの立場で考えると、「いまさら変更なんて信じられない話」という気持ちもわかります。

といっても、このまま進められない状況のBさんは、「契約後に満足できなければキャンセルにも応じます」との営業マンの言葉を盾に解約の意向を伝えます。

今度は上司が登場しましたが、営業マンが契約前に「解約にも応じる」旨の言葉をいっていたこともあり、最終的には解約に応じてもらうことになり、予算を再設定し、建築会社選びから振り出しに戻ることになりました。

ここで紹介したAさん、Bさんに**共通している失敗の原因は、「売り手」のペースに乗せられて話を進めてしまった**ことです。

そして「売り手」のペースに乗せられる要因のひとつに「自分たちがどうしたいのか」がまったく見えていないことがあるのではないかと感じています。

「自分たちがどうしたいのか」、別の言い方をすれば、どんな価値観に基づいた生活を望んでいるのかという「想い」を見つめておくことが大事なのです。

05 「借りる」「買う」「貸す」マイホームの選択肢

マイホームというと、「持たなければいけない」と思ったり、「新築のほうがよい」と考えがちです。「一戸建て」か「マンション」の二択で考えている人も多いでしょう。でも、マイホームの選択肢は実はもっともっとあります。ここではそういった選択肢をご紹介したいと思います。

「借りる」選択肢が増えてきた
――DIY可能な賃貸物件

賃貸物件のデメリットに、室内を自分の好きにいじれないという面があります。仮にいじっても現状復旧しなければいけないので、我慢して最初の状態で住んでいる人が多いでしょう。最近では、賃貸住宅でも簡単にできるセルフＤＩＹなど、借りている室内を壁などに穴をあけずに改装する方法を紹介する雑誌も見かけます。

たとえばホームセンターで簀《す》の子《こ》を買ってきて、好きな色に塗装しておしゃれな腰壁にしてしまうなど、思わず「へー」と唸る工夫の方法が掲載されています。

そんなニーズもあってか、**室内を改装してもよいという賃貸物件が出てきている**のです。最近は空き家やアパートの空室なども問題化してきています。そういったお部屋は古い物件のことも多いのですが、あらかじめ大家さんや不動産会社へ改装工事の内容を申請して了承をもらえば、退去時に現状復旧しなくてもよいというものです。自分でセルフＤＩＹしてもよいし、費用をかけて内装業者で工事をしても大丈夫です。家は持たなくてもよいけれど、室内は自分の価値観で染まった空間をつくりたいという人にはお勧めです。

――一戸建てを借りる

アパートや賃貸マンションだと、家族が増えてくると手狭になってきます。家族がより快適に過ごすためにもっと広い家、とくに一戸建てに引越ししたい、けれども、賃貸では一戸建ての広い物件がなかなか見つかりません。実は、一戸建ての賃貸物件が供給されていないのではなく、空きが出るとすぐに次の入居者が決まることが多いためです。タイミングの問題もあるので、希望エリアの不動産会社に事前に希望を伝えておき、気長に待つことができれば、一戸建ての賃貸物件に住むことも可能です。

最近では別の手段で一戸建ての情報を得ることも可能です。**「移住・住みかえ支援機構（JTI）」では、一戸建ての賃貸物件を紹介**しています。これは高齢者が使わなくなった一戸建て住宅を、若い世代に貸す仲立ちをする仕組みです。支援機構が高齢者から使わなくなった一戸建てを借り上げ、所有者である高齢者へ家賃を保証します。次に、支援機構が貸主となって子育てなどで広い家が必要な若い世代に賃貸する仕組みです。

高齢者にとっては家賃を保証され、空室の心配がなくなります。一戸建てを借りたい若い世代には物件が借りられるだけでなく、了承を得ておけば室内のリフォームも可能です。空き家を、主に広い空間が必要な子育て世代に使ってもらおうと考えられた仕組みです。

「買う」にも新しい選択肢が出てきた！

――コーポラティブハウス

マンションでも、自分たちのこだわりを実現させたいという方にお勧めなのが**コーポラティブハウス**です。これはあらかじめプロジェクトのエリアでコーポラティブハウスを希望する人たちで建設工事組合を結成し、建築するマンションの設計をイチから打合せをしながらつくり上げていく仕組みです。マンションの注文住宅のようなイメージです。

通常の分譲マンションなら必要な宣伝広告費も不要ですし、建築会社も自分たちで選べるので、同じエリアの分譲マンションよりもコストも低く抑えられる傾向があります。一方でマンションの建設前から関わっていくので完成までに数年を要することもあります。

全国各地で実施されているわけではありませんが、もし、希望のエリアでプロジェクトが立ち上がるなら検討の価値があると思います。

――中古マンション・団地は立地・環境がよい

新築マンションの場合、立地の良い場所はなかなか土地そのものが入手できないといえます。その点、昔に立った中古マンションなら立地の良い場所に建っているものも多数あります。**希望エリアにこだわるなら、中古マンションも選択肢**にあると思います。

中古マンションの場合、すでに生活をしているので実際の管理組合や管理会社の管理状況も実績として確認できます。専有部分のリフォームも可能ですが、予め管理組合にリフォームに関しての規定を確認しておく必要があります。

団地も、その価値を見直されてきているひとつです。団地の多くは現在の都市再生機構（UR）の前身の組織のときに全国で建築をしています。分譲タイプと賃貸とがあります。**団地のメリットは、建物が構造的にもしっかりとしている物件が多いこと**です。

間取りは多少古臭いかもしれませんが、リフォームで解消することも可能です。現地を見るとわかりますが、大規模な団地が多く、敷地内に商店などが充実しているケースもあります。また建物ごとの間隔が広くとってあるので、日当たりも良く、住環境としても魅力的です。価格は手頃な金額の物件が多いと思います。

「貸す」
――賃貸併用住宅

「自宅だと何も収益を生まないから買いたくない」という考え方の人がいます。一理あると思っていますが、それなら収益を生むようにすればよいのではないでしょうか？

自宅と賃貸物件併用住宅も、建築地の立地が賃貸物件運営に適した場所なら検討してもよいでしょう。

敷地の広さにも左右されますが、自宅部分とは別に1部屋や2部屋、貸せるスペースがあると家賃収入が生まれます。その収入だけで生活できるわけではありませんが、住宅ローンの返済が家賃収入で賄えることもあります。

全体面積の半分以上が自宅利用の間取りならば、住宅ローンで賃貸部分の建築費も組めて借入れできます。低金利の住宅ローンで賃貸経営に参入できるのは自宅を購入するときだけです。

昨今、空き家問題が大きく取り上げられるようになり、政府も中古物件の流通の活性化を目論んだ政策を打ち出しています。新築だけがマイホームではありませんし、マイホームは持たなければいけないものでもありません。

あなたの価値観にあった暮らし方とは、どんな暮らしですか？

第3章

あなたの「買い時」を知る

01 「家の買い時は一度」ではない

「子供中心」目線でのマイホーム選び

第1章で、営業マンがなぜ、常に「いまが買い時」というのかについて触れましたが、あなた自身の「家の買い時」はいつなのでしょうか？

実際にマイホーム購入を考える時期は、「子供が小学校に入学するまで」など、家族の生活スタイルの節目が多いようです。年齢的には30歳代でしょうか。

子供が成長してきて、賃貸マンションやアパートでは手狭に感じ始め、仕事でも中心戦力として活躍している頃かもしれません。資産形成について考えたり、家族がより快適に過ごせるような環境を整えたいなど、思うところはいろいろあるでしょう。

子供が小さい頃に購入するマイホームは「子育てマイホーム」ともいえます。マイホームを選ぶ条件も「子供中心」に考えることが多くなる傾向があるからです。

住む地域・場所も、子供が遊ぶのに安全なエリアかどうか、クルマの交通量は多くないかどうか、周囲に子供と同世代の家族はどの程度いるのかなど、気になるポイントは、やはり子供のことです。もちろん、夫婦の通勤に便利なエリアであることも重要です。

子供が同居する期間は、実は長くない！

このようなケースでは、ご主人の要望の優先度が下げられる傾向が高くなります。仕事で帰宅も遅いし、週末しかいないご主人の希望は「子供」に比べ、優先順位が下げられても致し方ありません。

でも、考えてみてください。子供とこの家で過ごす期間は、子供（現在5歳として）が独立するまでと考えるなら、15年～20年前後ではないでしょうか。**子供中心に考えた間取りの家は、夫婦二人になったときに使い勝手の悪い、広い家になっている**可能性もあります。しかも、子供と過ごす期間よりも夫婦二人だけで過ごす期間の方が長くなることが考えられます。とすれば、いずれリフォームも必要になるでしょう。

そう考えると、マイホーム購入を考えるタイミングは、一つとは限らないのです。つまり、子供が小さい頃は借家生活をし、子供が家から独立し、**ご夫婦が定年退職を控えた50歳代も、「もうひとつのマイホーム購入のタイミング」**ではないかと考えています。

この頃であれば、子供用のスペースは考慮する必要がなく、夫婦中心に考えることができるからです。部屋数も多い必要はありません。数年だけ我慢すれば定年になるので、必ずしも通勤に便利な地域にこだわる必要もありません。「夫婦のためのマイホーム」という選択ができます。

50歳代でのマイホーム選びなら、余裕がある

私のお客様の中にも、50歳代でマイホームを購入する方々がいました。

Aさんご夫婦は転勤も多く、社宅住まいで、必ずしも広い住環境にはなかった時期もありましたが、3人の娘さんたちも長女は就職して独立し始めました。大学生の次女・三女もゼミやサークル、アルバイトなどで忙しく、家には寝るために帰ってくる状態です。

そうなると、子供部屋として独立したスペースはあまり必要なく、子供には寝るスペー

スさえ確保できれば十分と割り切った選択ができます。むしろご主人としては、子供専用の快適な空間がないことで、子供には早く自立してくれることを期待していました。

このAさんの場合、社宅住まいで住宅費の割合が少ない生活ができていたこともあり、50歳代でのマイホーム購入時点で数千万円の自己資金が用意できていました。住宅ローンの借入額も少なくて、退職時には完済できる状態です。何より50歳代で購入していますので、自分たちの**老後が過ごしやすいマイホームという視点で選ぶ**ことができています。

30歳代で子供のことも考慮しながら購入すると、老後を迎える頃には使わない子供部屋が残り、30年近く経過した建物は度々、補修が必要な状態になっているということもありえます。大規模なリフォーム予算も考えておく必要があります。

もちろん、「子育てのためのマイホームはやめましょう」といいたいのではありません。**マイホームの買い時としては、「子育てのため」だけでなく、「夫婦のための」という選択肢もある**、ということです。

あなたにとってマイホーム購入で実現したいことは何ですか？　そのために真に良いタイミングとはいつでしょうか？

02 あなたが考える予算とは誰の予算？

同僚や友だちと比較しても意味はない！

マイホームを購入しようと考えたとき、気になるのが「予算」でしょう。次のようなことが気になりませんか？

- 住宅ローンをいくらまでなら無理なく返済していけるのか？
- 貯金はどのくらい使えるのか？
- 自分たちはどのくらいの予算設定にすればよいのか？
- 他の人は、どれくらい住宅ローンを借りているのか？
- 将来の子供の教育費などは支払っていけるのか？

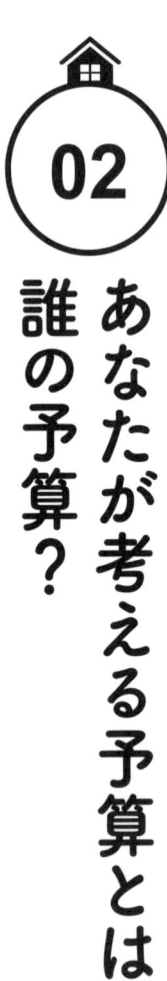

これは収入の多い少ないや、貯蓄の多寡《たか》にかかわらず、誰しも気になることです。

というのは、収入が多い人は、借りる気さえあれば住宅ローンをたくさん借りられますが、適正な借入額に迷うことがあります。一方、収入が少なければ、借りられる金額も少なくなるので、予算も自ずと上限がわかります。結果的に上限に近い借入額になり、毎月の返済額もその家計にとってはゆとりのない返済額になりがちです。

「頑張れば支払っていけそうだけど、みんなはどのくらい借りたのだろうか？」なんてことが気になり始めます。「いくら借りたの？　返済はきつくない？」と気軽に聞ける友人や同僚が身近にいれば聞きたくもなります。

直接聞くことができなくても、場所がわかれば、そのエリアでの他の物件の販売金額などを目安に、おおよそなら購入金額はわかります。ただ、同僚が○○○万円ぐらいのマイホームを購入した、○○○万円ぐらいの借入れをしたようだとわかっても、あなたも同じ金額を借りられるとは限りませんし、それで返済していけるかどうかは別問題です。

何よりも、**他人の予算は他人の予算であって、あなたの予算ではありません**。同じくらいの収入だったとしても、家計の収支はまったく違います。家族構成が似ていても、趣味・

嗜好《しこう》が違えば、家計の支出内容も違います。あなたの適正な予算は、あなたの家計の状況を鑑みて判断しなければ正直なところわかりません。

自分の適正な返済予算を考えてみること

一つの目安として、現在支払っている家賃の金額を住宅ローンの返済額の目途にすることができます。いま支払っている家賃と同じくらいの金額だったら、「これまでと、ほとんど変わらない」と感じるのは当然のことです。多くの人がやっている方法です。

また同じ会社に勤める同僚に、「いくらくらい住宅ローンを借りているの？」と聞き出して、同じくらいの収入の同僚を参考に予算はこれくらいだろうと判断をする人もいます。

相談者の中には自分なりの予算の目安を考えている方も少なくありません。

もし、予算を増やしても大丈夫なら物件探しの条件も変更できるかもしれないし、逆にもう少し減らさないと厳しい状況になりそうなら、それもやはり物件の条件を変更することになります。やはり、**あなたの予算はあなたにしか判断できない**のです。まずは他人の予算ではなく、あなたの適正な予算を考えてみませんか？

03 「将来の家計」を検討すべし！

「いまの返済」が将来も続けられるのか？

「自分にとって適正な予算」といっても、どう判断すればよいかわからないでしょう。誰もが目安にしがちなのが、先ほど述べた「いまの家賃と同じ程度か」という点です。現在支払っている家賃と同額程度の返済額なら大丈夫、と判断したくなります。

でも、最初は出産後も働く気持ちでいた奥さんが、いざ子供を生んで育児休暇後に復職してみたら、育児と仕事の両立が想像以上に大変で仕事を辞めたいというケースもあります。相談者の中には、「出産したら、働く意欲がなくなった」という奥さんもいました。

「夫婦の収入を合算して住宅ローンを借りよう」と考えている場合は危険です。というのは、奥さんが仕事を辞める、あるいは正社員からパートに変わるなどすると、とたんに収入が変化し、住宅ローンの返済や家計に大きく影響してくるからです。もし将来、仕事を辞めるかもしれないという気持ちが少しでもあるなら、合算収入ではなく、夫の収入だけでの返済シミュレーションを考えるべきでしょう。

人生の三大支出で最初の山が「住宅費」

「住宅費、教育費、老後資金」の三つが人生の三大支出とされています。なかでも、マイホームを購入する場合、住宅費は一度に大きな金額が動きます。また、三大支出の中でも、最初に訪れるものです。借りる金額を間違えれば、長く家計に大きな負担になって乗りかかってきますし、途中で逃れられない性質のものです。

適正予算の目安は、将来の家計の状況を予測してみることが必要です。

第2章でライフプラン表やキャッシュフロー表について簡単に触れましたが、将来の家計を予測するのにうってつけのツールだと思います。

将来の家計を予測するのに必要な情報は後ほど触れますが、いまは余裕で支払えると感じている住宅ローンの返済額がきつく感じる時期、予想以上に家計が逼迫《ひっぱく》する時期が出てくるかもしれません。

結果がどうであれ、将来の家計を予測することで、自分たちの家計の未来予想図が現われます。家計的に厳しい時期があるなら、それに向けての備えができるのか、予算をもう少し下げるのか、他の支出を抑えるのか……。そんな家計戦略を練ることができるようになります。早めに気づくことができるからこそ、対策も早めに考えられます。

予測とはいっても、**将来の家計を「見える化」することで「返済していけるか心配」という不安も軽減**されます。また、思っていたより家計に余裕が生まれそうなら、安心材料にもなります。企業が毎年、経営計画を作成するように、家計も将来の予測を踏まえた戦略を練ったほうがよい時代なのです。

マイホームの夢を語るのは楽しい話ですが、家計の予測は現実的な話です。でも、具体的な商談が始ってからでは、ゆっくりと考えている暇はありません。将来の家計がどうなのかという視点から、一度マイホームの購入も考えてみましょう。

04 いきなり、住宅展示場に行ってはいけない理由

住宅展示場は「業者側の名簿集めの場」と心得る

前にも述べたとおり、マイホームを考え始めると、人はどうしても住宅展示場に行ってみたくなります。至極、当然な発想です。

しかし、営業マンの立場で考えれば、**住宅展示場というのは、家に関心がある人が集まる「名簿集めの場」**です。見学のつもりの軽い気持ちだったとしても、営業マンはあなたが自社の見込客になり得る人物なのかどうか、次のような点から見定めようとします。

- この人（夫婦）の年収は？
- 勤務先は？

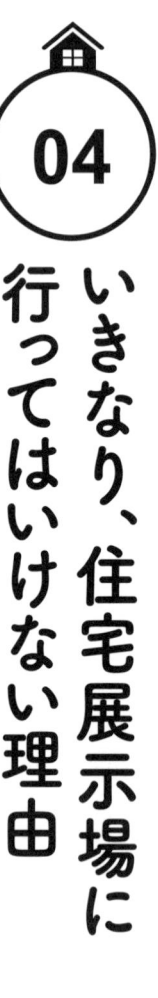

●土地はすでに取得済みか？　これから探すのか？
●いまの家賃はどのくらいか？
●家族構成は？　子供は何人か？
●いつ頃、買いたいと考えているのか？
●数年後の購入を予定というなら、それはなぜか？
●家を買えない要因は何か？　こちらで解決できる内容かどうか？

営業マンがお客をその気にさせるあの手この手

このような情報を得るために、展示場の案内をしながらあなたから情報を聞き出していきます。時には一緒に連れ立っているお子さんからもヒントを聞き出すかもしれません。

「すぐに買いたい」「すぐに建てたい」という顧客、つまり業界用語でいう「アツイお客さん」「ホットなお客さん」はそうそういないことは、値段が値段だけに、営業マンもその辺は理解しています。それでも、

「家は買いたいけれど、自己資金が少なくて……」

というレベルなら、営業マンであれば、

「自己資金が少なくても買う方法はありますよ」

と提案できます。

「子供が小学校に入学する3年後に合わせて買おうと思っている」

というなら、

「小学校入学から新しい環境に移るより、可能ならもっと早くから新しい環境にいて、慣れたほうがお子さんにとってもよいと思いますよ」

と、先延ばししないで、いますぐに購入に向けて動いたほうがよいと思わせるトークは、営業マンならいくらでも用意できています。

「本当はまだ先の話」という趣旨で、あなたが漠然と、

「2年後ぐらいをメドに考えている」

といえば、営業マンはこう切り替えしてくるかもしれません。

「2年後をメドにお考えですか？　それなら、そろそろ動き出さないといけませんね」

と。

気づかないうちに「契約」への道を歩むことに

実はお客さんがいう2〜3年後は、営業マンにとっては先の話ではありません。現に最初、住宅展示場に来た時にはそう考えていたお客さんが、1年後には新築の家に住み始めているということは決して珍しくない話だからです。

軽い気持ちで住宅展示場を見学するつもりでも、そのまま営業マンのペースに乗せられ商談が始まってしまうケースも多いのです。もちろん、お客さん自身は商談をスタートさせたつもりはありませんが、次のように誘導されてしまうのです。

建築する予定の土地に気になる問題点があるなら、「建築の視点からどんな解決策があるのか提案します」と、お客さんも気になっている点にアプローチしていきます。もし営業マンが調べて、建築にあたっては大きな問題はなく、簡単な解決策があるとなればそれを説明します。そして次は「どのくらいの規模の家が建つのか、簡単にプランをつくってみますよ」というのです。

お客さんも気づかないうちに、契約への階段を一歩ずつ登っていきます。気づいたときには「来週は契約です」なんてタイミングになっていることがあります。そのタイミングに慌てて、予算の相談に来られる方も少なくありません。

多くのケースで営業マンがアドバイスした「お客さんの年収ならこれくらいは借りられますよ」という予算をベースに話が進んでいます。その場合、契約するかもしれないその費用で家計的に問題が生じないかを見ることになりますが、問題が生じる場合も、家計の中で何を減らすのか、奥さんのパートの時間をもっと増やすのか、そのまま契約をするなら待ったなしで対策を講じなければいけないケースも少なくありません。

これが、展示場に行く前や早い段階で将来の家計から考えた予算の目安がわかっていれば、営業マンのアドバイスも冷静に判断し、歯止めもかけやすくなります。

あなた自身で「営業マンを選ぶ」方法がある！

展示場は営業マンにとっての「名簿集めの場」ですが、一方で、**展示場はあなたが目的をもって情報収集ができる最適の場**でもあります。常にマイホームの最前線に立つ営業マンから、経験談も含めた情報を得るのはインターネットでは得られない貴重な情報です。

ただし、住宅展示場に行くなら知っておいたほうが良いポイントがあります。

もし、まだ商談を進めるつもりはなく、軽い気持ちで住宅展示場に行くのならアンケートと称した個人情報を記入するものは断るか、でたらめな内容を記入しておくことをお勧めします。

記入を断る理由は、まだ商談を進めるつもりはないという意思表示でもありますが、あとから有能な営業マンを選ぶためにも重要です。

ハウスメーカーや営業マンが複数いる会社では、最初にお客さんと接触した営業マンがそのまま担当になるケースが多くあります。

要は、たまたま軽い気持ちで出かけた住宅展示場で、たまたまその時間にいた営業マンがあなたのマイホームの担当になるのです。いくつも展示場を見学していると、同じメーカーでもさまざまな営業マンに出会います。最初に出会った営業マンより、あとで頼りがいのある営業マンに出会うこともあります。そんなとき、別の住宅展示場で先に名前を書いてしまうと、せっかく頼りがいのある営業マンに出会っても、あなたの担当になってもらうことは難しくなります。

あなたが営業マンを選ぶという意味でも、**個人情報は「この営業マンとなら、話を進めてもよい」と思える人にだけ開示する**ほうがよいと思います。

05 ライフプランという「人生設計」の考え方

ライフプランとライフイベントの関係

ここまでは、「将来の家計から適正なマイホームの予算を考えたほうがよい」と述べてきました。

将来の家計をシミュレーションするには、家族の人生設計をまずは確認しなければいけません。この人生設計のことを「**ライフプラン**」（第2章）といいました。

さらに家族の入学や卒業、就職などのイベントでの出費、クルマや家を買う、リフォームする、大きな旅行をするなど、まとまった支出が伴う買い物などを「**ライフイベント**」といいます。

この**ライフイベントの中には、あらかじめ時期が明確に決まっているものがあります**。

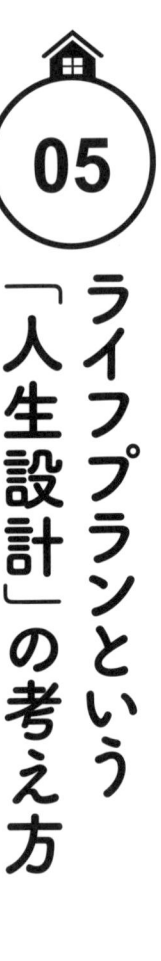

そのひとつがお子さんの入学、卒業です。大学入学や就職の時期は多少ぶれる可能性もありますが、おおよその時期はわかります。他にも、定年退職の時期も勤務先の制度により明確です。

一方で、クルマの買い替えや家のリフォーム、家族旅行などは金額のぶれはありますが、時期については自分でコントロール可能なものです。

さらに、自分たちが実現したい生活に伴うイベントも発生するかもしれません。たとえば、転職や転居など、大きく生活が変わる可能性のあるものから別荘購入や留学など、費用面で大きな動きがあるものもあるかもしれません。

時期が決まっている「ライフイベント」と、自分たちでコントロールできる「ライフイベント」に、さらに自分たちの実現したい生活に伴う「イベント」も考慮して、これからの家族の生活をイメージしてみるのが「ライフプラン」です。

冷静に判断する目を養おう！

第２章でライフプラン表やキャッシュフロー表について触れていますが、ライフプランを考えることで自分や家族の人生を俯瞰でき、マイホーム購入についても冷静に考える効果があると感じています。

マイホームは大きな買いものである一方で、夢のある買い物でもあります。新しい洋服や家電を買うときもワクワクするかもしれませんが、家を買うときはその比ではありません。また何回も経験できる買い物ではないので、「妥協したくない」と、ついつい無理をしがちな買い物でもあります。

「家を買う」というゴールだけを見れば、住宅ローンの借入額を300万円増やしても、毎月の返済額は1万円弱しか増えないかもしれません。お父さんのゴルフを一回我慢してもらえば、あるいは美容室に行く間隔を少し開ければ何とかなると思ってしまいます。

しかし、ライフプランの視点から俯瞰してみたときに家を買うことにそこまで重きを置いてもよいのか、他にもっと重視したいものがないのか、自ずと判断できるのではないでしょうか？

決して予算アップしてはいけないという話ではなく、目の前のマイホーム購入というイベントを冷静に判断する目を、ご自身の中にも持つことをお勧めします。

06 ライフイベント別の必要資金の目安

ライフイベントを書き出してみることはできるけれど、それぞれにどの程度の費用が必要になるのかは、将来の話なので予測しづらい面があります。

ここでは主に、統計データに基づいた主なライフイベント別の必要資金の目安に触れていきたいと思います。

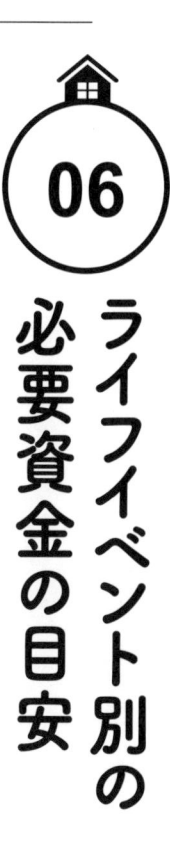

子供1人の教育費はどれくらいかかるのか？

お子さんが、すでに中学生や高校生で次の進学希望先が見えていれば、それぞれの希望進学先の学校のホームページを見ると、学費など学校へ支払う必要な費用はわかります。

まだ希望進学先がわかる時期ではない場合、文部科学省が発表している「子供の学習費調査」の結果が目安になります。ちなみに執筆段階で発表されている最新データは、平成27年12月に発表されたもので調査対象期間は平成26年4月1日~平成27年3月31日のものです(図1)。

キャッシュフロー表を作成するにあたり参考になるデータとして学年別の学習費の総額があります。図2に引用します。

補足しておきますと、この「学習費」とは下記項目に対し、家庭が直接負担した金額

■図1｜子供の学習費の総額はどのくらい?

区分		公立	私立
幼稚園	3歳	180,287	491,468
	4歳	200,453	478,151
	5歳	254,141	523,204
小学校	第1学年	356,808	1,863,085
	第2学年	243,844	1,311,904
	第3学年	277,179	1,348,494
	第4学年	304,024	1,468,111
	第5学年	327,089	1,558,676
	第6学年	415,439	1,665,075
中学校	第1学年	461,999	1,620,356
	第2学年	406,587	1,152,483
	第3学年	576,238	1,244,464
高等学校(全日制)	第1学年	488,134	1,178,991
	第2学年	392,965	939,161
	第3学年	345,724	855,640

引用元　文部科学省「平成26年度　子供の学習費調査」調査結果の概要

の合計です。

①学校教育費

●授業料
●修学旅行・遠足・見学費（学校が徴収した金額）
●学級・児童会・生徒会
●ＰＴＡ会費
●その他の学校納付金（入試受験料・入学金・私立学校における施設設備資金等）
●寄附金
●教科書費
●教科外活動費（クラブ活動・運動会・林間学校等の行事に家庭が直接支出した金額）
●通学費
●制服

■図２｜大学にかかる教育費はどのくらい？

	入学金	授業料	施設設備費	教育課程合計	
国立	282,000	535,800		2,525,200	(4年間)
私立文系	242,579	746,123	158,118	3,859,543	(4年間)
私立理系	262,436	1,048,763	190,034	5,217,624	(4年間)
私立医歯系	1,038,128	2,737,037	831,722	22,450,682	(6年間)
私立その他	270,233	951,119	237,196	5,023,493	(4年間)

出典：文部科学省「平成26年度　私立大学入学者に係る初年度学生納金平均額(定員一人当たり)の調査結果について
文部科学省「国立大学の授業料その他の費用に関する省令」

●通学用品費
●その他（上記のいずれにも該当しないもので学校のバッジ・上履き・卒業アルバムなど）

②学校給食費

③学校外活動費

●家庭内学習費（家庭学習で使用する物品・図書・学習机等の備品・参考書等）
●家庭教師費（家庭教師への月謝・通信教育費等）
●学習塾費（学習塾へ通うために支出したすべての費用）
●その他（図書館などで勉強するために通った交通費・公開模擬試験の受験料等）
●学習塾以外の習い事への支出
●体験教室や地域活動への支出

自分たちの老後の生活費は？

定年退職後のセカンドライフに、はたしてどのくらいのお金が必要になるのか。このことも、将来への不安材料のひとつです。

これは家族構成や各家庭のお住まいの地域、趣味・嗜好によっても支出内容は変わるので一概にはいえません。ただ総務省の「家計調査」によると、２０１６年の夫婦とも65歳以上の世帯での毎月の実収入の平均は21万２２４１円、実支出の平均は26万３３１５円となっています。つまり、**65歳以上の世帯では、毎月５万１０７４円の赤字になる計算**です。夫婦世帯なので年金は二人分の計算をしていますが、単身世帯になると年金も一人分です。支出は夫婦世帯よりは減りますが、だからといって「半分になる」わけではありません。

教育費も老後資金も、人生の三大支出として総額は大きな金額になります。教育費はどうしても準備ができなければ教育ローンを借りる、奨学金を借りるなど、資金調達の方法もあります。進路を変更するという選択肢もあります。

教育費も老後資金も、必要な時期が予め決まっているので、準備ができる類のものです。マイホーム購入前に、教育費・老後資金の準備方法や見通しを確認しておくと、不安もかなり軽減されるのではないでしょうか？

07 ライフプラン表・キャッシュフロー表の作り方・見方

ライフプラン表、キャッシュフロー表をつくるのは、むずかしい話ではありません。パソコンの得意な人ならば、エクセルを使ってつくれますし、苦手なら手書きで紙に表をつくり、足し算・引き算をすればつくれます。

ただ、事前に準備したほうが作業しやすいので順を追って解説していきたいと思います。

大きな流れは次の通りです。

①ステップ1　家計の現状を把握する
②ステップ2　家計の収支の整合性を確認する
③ステップ3　ライフプラン表とキャッシュフロー表を作成
④ステップ4　将来の収支を確認

ステップ1　家計の現状を把握する

まず、毎月の家計の収入・支出を把握しましょう。毎日、家計簿をつけていれば、簡単に把握できると思います。家計簿をつけていない人は、この機会に一度、振り返ってみましょう。当然、毎月の支出も変動がありますので、1年分を把握して平均するのがベストですが、少なくとも数か月の平均は把握しておきましょう。

把握しておきたい項目を次ページ以降に示しました。キャッシュフロー表を作成するには毎月の全体の収支金額が把握できれば十分なので、ここまで細かく把握しなくても大丈夫ですが、無駄使いを炙《あぶ》り出すには項目ごとに把握してみることをお勧めします。

家計の収支には毎月必ず発生するものもあれば、年間を通してたまにしか発生しないものもあります。毎月発生する項目の見落としは少ないかもしれませんが、たまに発生するものは通帳の引落し履歴やクレジットカードの明細などでも確認をするとよいでしょう。

なお「①収入編」の「手取り金額」とは、毎月、自分の口座へ振り込まれる金額のことですが、財形貯蓄など資産形成のために差し引かれる金額は手取り金額に含めます。

❶収入編

毎月の収入Ⓐ

・ご主人　毎月の給与額（手取り金額）と年間金額
・奥さん　毎月の給与額（手取り金額）と年間金額
・家賃収入など不動産収入や権利収入（手取り金額）と年間金額

その他の定期的な収入Ⓑ

・賞与（手取り金額）の年間金額

将来の収入

・学資保険などの満期金の金額と時期
・親などから受贈予定の金額と時期（すでに決まっているなら）
・退職金見込額と時期（勤務先の退職金規定を確認することをお勧めします）
・その他

❷貯蓄編

現時点の残高

・定期預金（　　　　　　　　　　　万円）
・貯蓄預金（　　　　　　　　　　　万円）
・外貨預金（　　　　　　　　　　　万円）
・財形貯蓄（　　　　　　　　　　　万円）
・投資信託（保有口数　×　現在評価額）
　株（保有株数　×　現在株価）
　その他

❸支出編

毎月必ず発生する日常生活費

・食費
・外食費
・雑費（日用品など）
・衣料費（クリーニングなど）
・医療費

・交際費
・交通費、ガソリン代
・家族のお小遣い

毎月発生する公共料金

・電気代、ガス代、水道代（月割り）
・通信費（インターネット、固定電話など）、携帯電話代
・新聞、雑誌代

毎月発生するライフイベント費

・住居費用（家賃・住宅ローン返済）
・教育費（授業料・習い事、通信教育費）
・レジャー費（休日の家族での遊興費）
・ローン返済（自動車ローン、奨学金など）

貯蓄に回す支出

・給与天引きされている財形貯蓄などの金額
・給与天引きではない定期積立金額

毎月は発生しないライフイベント費

・クルマ関連　車検費用、自動車税

メンテナンス費

・家関連　固定資産税

・家族旅行代

・保険（年払いも毎月払いも）

　損害保険（火災保険、家財保険、自動車保険）、生命保険

　学資保険

ステップ2　家計の収支の整合性を把握する

書き出した収入と支出を見て、**まずは「毎月の収支の整合性」を確認**します。

次に、年間のもろもろの支出を含めた収支との整合性を確認しましょう。

すべての収入と支出を把握しているので理屈としては差額を生じませんが、変動する金額もあるのでピッタリとは合わないことが多いかもしれません。ご自身で納得できる差額

2024	2025	2026	2027	2028	2029	2030	2031	2032	2033
44 44	45 45	46 46	47 47	48 48	49 49	50 50	51 51	52 52	53 53
13歳 中1	14歳 中2	15歳 中3	16歳 高1	17歳 高2	18歳 高3	19歳 大1	20歳 大2	21歳 大3	22歳 大4
11歳 小5	12歳 小6	13歳 中1	14歳 中2	15歳 中3	16歳 高1	17歳 高2	18歳 高3	19歳 大1	20歳 大2
64歳	65歳	66歳	67歳	68歳	69歳	70歳	71歳	72歳	73歳
61歳	62歳	63歳	64歳	65歳	66歳	67歳	68歳	69歳	70歳
66歳	67歳	68歳	69歳	70歳	71歳	72歳	73歳	74歳	75歳
63歳	64歳	65歳	66歳	67歳	68歳	69歳	70歳	71歳	72歳

ならさておき、差額が大きく生じるなら「使途不明金がある！」ということになります。

家計の見直しのためには、この使途不明金も徹底解明したいところですが、ここでは家計の大きな流れを把握するためのキャッシュフロー表の作成と割り切って、差額分は支出額を調整してしまってもよいと思います。

ステップ3　ライフプラン表を作成

第2章でも触れていますが、家族の年齢を1年刻みで並べていき、年齢で決まっている入学や退職などのライフイベントを記入したものが「ライフプラン表」です（図3：第2章の図1を再掲）。

■ **図３　ライフプラン表をつくる（再掲）**

	西暦	2016	2017	2018	2019	2020	2021	2022	2023
年齢（年末時点）	世帯主 配偶者	36 36	37 37	38 38	39 39	40 40	41 41	42 42	43 43
	長女	5歳 年中	6歳 年長	7歳 小1	8歳 小2	9歳 小3	10歳 小4	11歳 小5	12歳 小6
	次女	3歳	4歳 年少	5歳 年中	6歳 年長	7歳 小1	8歳 小2	9歳 小3	10歳 小4
	祖父	56歳	57歳	58歳	59歳	60歳	61歳	62歳	63歳
	祖母	53歳	54歳	55歳	56歳	57歳	58歳	59歳	60歳
	祖父	58歳	59歳	60歳	61歳	62歳	63歳	64歳	65歳
	祖母	55歳	56歳	57歳	58歳	59歳	60歳	61歳	62歳

ここにさらに住宅購入やクルマの買替時期、家族ごとのライフイベントを入れていくと、今後の家族の未来年表が現れます。

別紙でも、ライフプラン表と同じ用紙でも、各年の下にステップ2で把握した家計の収入と支出を入れていき、各年の収支を出します。さらに翌年以降も同様に家族のライフイベントを考慮しながら金額を入れています。学費など、ライフイベントごとの費用については前項で触れたライフイベントごとの必要額を目安に入れていきます。

私が相談を受けて作成する場合には、さらに家電の急な故障や冠婚葬祭など臨時支出も年10万円から20万円見込んでいきます。

この作業を繰り返し、仮に**80歳までのキャッ**

2025	2026	2027	2028	2029	2030	2031	2032	2033	2034	2035
45 45	46 46	47 47	48 48	49 49	50 50	51 51	52 52	53 53	54 54	55 55
14	15	16	17	18	19	20	21	22	23	24
546	548	535	540	552	770	670	596	521	444	574
591	596	600	605	610	615	620	625	630	635	640
350	350	350	350	350	350	350	350	350	350	350
										800
				200						
12	12	3								
953	958	953	955	1,160	965	970	975	980	985	1,790
77	77	77	77	77	65	65	65	65	65	65
49	64	48	43	37	170	143	144	145		
250	250	254	250	250	250	250	250	250	250	250
328	331	335	338	341	345	348	352	355	287	290
40	40	30	30	30	30	30	30	30	30	30
141	142	143	143	144	145	146	146	147	148	149
68	69	65	65	66	65	65	66	67	77	78
954	973	951	946	945	1,069	1,047	1,053	1,059	857	861
▲1	▲15	3	9	215	▲104	▲77	▲78	▲79	128	929
3	3	3	3	3	3	3	3	2	2	3
548	535	540	552	770	670	596	521	444	574	1,506

■図4　キャッシュフロー表をつくる！（再掲）

	西暦	2016	2017	2018	2019	2020	2021	2022	2023	2024
年齢（年末時点）	世帯主	36	37	38	39	40	41	42	43	44
	配偶者	36	37	38	39	40	41	42	43	44
	長女	5	6	7	8	9	10	11	12	13
年初金融資産残高		910	984	462	470	496	516	530	543	547
その他の収入	世帯主年収	550	554	559	563	568	572	577	582	586
	配偶者年収	350	350	350	350	350	350	350	350	350
	退職金合計									
	公的年金									
	保険金（生存給付金）									
	定期収入									
	臨時収入									
	児童手当	12	12	12	12	12	12	12	12	12
収入合計（A）		912	916	921	925	930	934	939	944	948
3大支出	保険料	78	78	78	78	77	77	77	77	77
	教育費	47	55	36	30	32	36	38	47	52
	住宅費	155	743	250	250	250	250	250	250	250
その他の支出	基本生活費	300	303	306	309	312	315	319	322	325
	定期支出	72	68	52	40	40	40	40	40	40
	臨時支出									
社保税金	社会保険料	126	128	129	129	135	138	139	140	140
	所得税・住民税等	65	65	66	66	66	66	67	67	68
支出合計（B）		843	1,440	915	902	912	923	929	942	952
資産運用：投資額(C)										
資産運用：取り崩し額(D)										
年間収支(A-B-C+D)		69	▲524	6	23	18	12	10	2	▲4
金融資産の運用益		5	2	2	2	2	3	3	3	3
年末金融資産残高		984	462	470	496	516	530	543	547	546

シュフロー表を作成すると老後までの家族の未来予想図ができ上がる、というわけです。

（前ページの図4：第2章の図2を再掲）

いまのままの生活水準で生活を送ったとして、**どんな家計の状況になり、実現したい生活は成り立ちそうなのか**、夢物語ではない現実的な姿が確認できます。

ここまでは手作業で作成するキャッシュフロー表の作成を紹介しましたが、こんな手間を掛けずに簡単にチェックしたいという方は、下記のサイトでも簡単にチェックできます。ただし、その場合はあまり細かい支出までは入力できませんので、目安程度に活用いただければと思います。下記以外にも簡単にチェックできるものが増えていますので活用してみてください。自分で入力してやってみたけれど、やはり不安だという方はぜひ、お近くのファイナンシャルプランナーにご相談ください。

●全国銀行協会　ライフプランシミュレーション

https://www.zenginkyo.or.jp/special/lps/index.html

●日本FP協会　ライフプラン診断

https://www.jafp.or.jp/know/lifeplan/simulation/

ステップ4　将来の収支確認

作成したキャッシュフロー表で将来の家計をチェックしてみましょう。主にキャッシュフロー表で最低限、確認したいのは次の2点です。

1　毎年の収支が赤字になっていないか？
2　キャッシュフロー表全体を通して、貯蓄残高がマイナスにならないか？

毎年の収支が赤字にならないのが大原則ですが、赤字になる理由がクルマの購入やお子さんの入学金が発生したなど、一時的な支出が原因なら大きな問題ではありません。それよりも、恒常的な赤字家計になっているなら、マイホーム購入の前にその原因と改善策を考えなければなりません。家賃より住宅ローンの返済額のほうが安いと思ったから買ったという人の場合、家計が改善されるかもしれません。それでも、目先は改善されても将来にわたって改善されるかは冷静にチェックしましょう。

もし、あなたが金利の低い変動金利を前提で考えているなら、金利変動のリスクは自分に降りかかってきます。返済額が増えると家計が赤字ベースになる状態だと根本的な改善にはなっていません。想定外の支出が増えればすぐにきつくなる家計になっている可能性があります。

老後を年金収入だけで家計の黒字を維持できる人は少ないでしょう。それまでの貯蓄や退職金を運用しながら生活する必要が出てきます。

老後の家計の恒常的な赤字は避けたいですが、**赤字ベースで推移することは想定内として考えたほうがよい**でしょう。そのうえで、平均寿命を考えると、奥さんが90歳ころまで生活が維持できる家計かどうか、チェックしておくのが賢明です。

■図５｜家計破たんする結果が出ているキャッシュフロー表の例

（金額の単位：万円）

西暦		2028	2029	2030	2031	2032	2033	2034	2035
年齢	世帯主	48	49	50	51	52	53	54	55
	配偶者	48	49	50	51	52	53	54	55
	長女	17	18	19	20	21	22	23	24
年初金融資産残高		540	300	317	214	138	61	▲18	110
勤労収入	世帯主年収	605	610	615	620	625	630	635	640
	配偶者年収	350	350	350	350	350	350	350	350
年金	退職金合計								
	公的年金								
その他の収入	保険金（生存給付金）								
	定期収入								
	臨時収入								
	児童手当								
収入合計（A）		955	960	965	970	975	980	985	990
3大支出	保険料	77	77	65	65	65	65	65	65
	教育費	43	37	170	143	144	145		
	住宅費	250	250	250	250	250	250	250	250
その他の支出	基本生活費	338	341	345	348	352	355	287	290
	定期支出	30	30	30	30	30	30	30	30
	臨時支出								
社保税金	社会保険料	143	144	145	146	146	147	148	149
	所得税・住民税等	65	66	65	65	66	67	77	78
支出合計（B）		946	945	1,069	1,047	1,053	1,059	857	861
年間収支(A-B-C+D)		9	15	▲104	▲77	▲78	▲79	128	129
金融資産の運用益		3	2	1	1	0			1
年末金融資産残高		300	317	214	138	61	▲18	110	239

年間収支が赤字になってる

金融資産残高がマイナス
＝家計破たんしている

08 支出削減には、夫婦の擦合せが大事

収入を増やすか、支出を減らすか？

マイホーム購入にあたってキャッシュフロー表をチェックしてみたところ、家計的に厳しい時期があると判断した場合には何をすればよいでしょうか？　家計は収入・支出しかありませんから、**収入を増やすか、支出を減らすしか手段はない**のです。

もうひとつ、貯蓄をどのように運用するのか。これも将来の貯蓄残高に影響します。政府はかなり前から「貯蓄から運用へ」とのスローガンのもと、運用に意識を向かわせようと啓蒙活動を始めています。利息がほとんど付かない銀行預金による運用よりも、**積極的な運用を検討することとマイホーム購入の予算設定はセットで考える時代**だと思います。

そして家計見直しには、やはり支出の見直しも必要になってきます。もちろん、闇雲に

無駄使いを省こうとさまざまな支出を削減することは長続きしないので、そこは家族で支出の優先順位をつけていかなければいけません。

「マイホーム購入のため」という共通の目標に向かって節約をすることはかまいませんが、そのために過度に我慢が増えることは、長い目で見ると生活の充実度・満足度に影響すると思います。特に趣味の支出は、同じ趣味を持たない人には無駄使いにしか見えなくても、本人には満足度の高い支出、削れない支出のこともあります。

夫婦の優先順位は、決して同じではない！

私は予算の相談の際にご相談者へアンケートをお願いしています。アンケートの項目はマイホーム購入の動機や現時点で不安や疑問に感じていることなどですが、その中で次の項目を夫婦それぞれに優先度順に並び変えてもらっています。

- マイホーム購入資金
- 教育費

●クルマ
●自分たちの老後資金
●親の介護費用・旅行など娯楽費用

支出の見直しを検証するとき、優先度が低い項目から削減の候補にしてもよいと考えられるからです。支出の削減を検証する際は、改めてご夫婦でお互いの価値観を踏まえ、「どこに手を付けるのか」の擦合せが必要です。どちらか一方の価値観だけで、相手に我慢を強いるような状態は長い期間で考えると決して得策ではありません。

マイホーム購入はこういった家計の現状と将来を考える非常によい機会になります。家計を見直すとは、将来の人生設計も踏まえて考える必要がありますので、マイホームの買い時も「いまで大丈夫なのか？」「もっと先でもよいのではないか？」「そもそも、マイホームは自分たちに必要なのか？」と、人生を考える契機になるのではないでしょうか？

そしてこれを考えるタイミングは住宅展示場へ行って、商談が始まる前までがベストです。前述したように、いったん商談が始まってしまうと、冷静に家計をチェックすることは、ほぼ不可能になってくるからです。

第4章

営業マンが触れない「お金」の話

01 営業マンの仕事は「家」を売ること

「契約までの最短距離を考えろ！」の意味

私がハウスメーカーの営業マンをしていた頃、上司にIさんという支店長がいました。この支店長がよく話されていたことがあります。

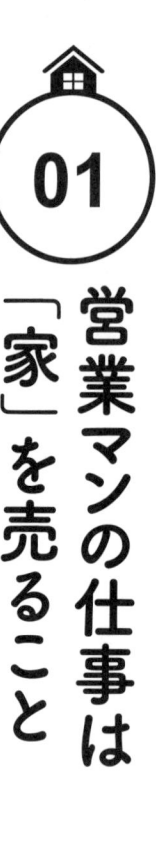

「お前の役割はなんだ？　家を売ることだろう？　契約までの最短距離を考えろ」

ゴルフ好きだった支店長は、そのことをゴルフにも例えて、次のように指摘されました。

「グリーンに最短で乗せるためにどんなクラブを選ぶか？　どこに落とすか？　何打で行くのか？　ゴルフと同じように、契約までの最短距離を考えろ。おまえは自分から好んで、ラフやバンカーに入れようとしている……」

なぜ、私に対してそういうのか？　それには理由がありました。

家を建てるまでには、大なり小なりクリアしなければいけない問題や障害があります。それらをひとつずつクリアし、お客様にマイホームを実現してもらうことが営業マンの仕事です。ところが、私は契約後に行き違いやトラブルになることを避けたくて、契約前に問題点や障害をクリアさせてから契約に持っていこうとする傾向がありました。

でも、そうすることで、せっかく「家を建てよう」と盛り上がったお客様の気持ちを「なんだか大変そうだね。もう少し待ってからにしようか」とか「他のメーカーにも相談してみるので……」など、契約を遠ざけてしまうこともありました。

支店長からすれば、契約してもらってから解決すればよいというのが「契約まで最短距離を選べ」という言葉になっていました。当時の私ももちろん「契約」は欲しかったのですが、それ以上に契約後に「そんな話は聞いていない」とか「思っていたのとは違う」といったトラブルを避けたい気持ちが強かったのかもしれません。しかし、営業マンの仕事は「契約をもらうこと」と捉えれば支店長の指摘はもっともなことだったのです。

ベストな提案をあなたにしてくれるわけではない！

いまでも相談者からこんなことを聞くことがあります。

「『細かい点はあとから打合せをしていきますから、大枠の計画内容と金額に問題がなければ、依頼先は当社でよいということで他社を断って、とりあえず契約を交わしてください』といわれている」と。

これは契約までの最短距離を考える営業マンとすれば、当然のセリフです。ここで契約に応じるのか、納得するまで打合せをして契約に応じるのかはお客さんの考え方しだいです。お客様に選んでいただくためには、お客様の信頼を得る必要があります。それが提案力なのか、価格なのかはお客様によっても違います。営業マンは常に、

「このお客様は何を重視しているのか？　どうすれば契約してくれるのか？」

「そもそも自社の顧客になり得る人なのか？」

ということを頭の片隅でリサーチしながら、あなたと話をしています。

契約をいただくために必要なら頑張って、よい提案も考えますし、コストダウンの方法も考えます。すべては「契約」のためだといっても過言ではありません。

マイホームを手に入れる場合、注文建築でも建売でも中古でも営業マンとはほぼ確実に接触します。そしてマイホームを選ぶための相談相手も結果的に営業マンになるケースがほとんどです。だからこそ、信頼できる人がよいし、経験豊富な人の方が安心です。

でも、お客様のことを考えるのと同じくらい、契約数字のことも考えます。**営業マンの本分は契約を取ること**です。「ベストな提案をします！」といっても、自社の範囲内でできるベストの提案です。そういった意味では、必ずしもお客様にとってベストな提案をしているとは限らないということです。営業マンからの情報収集はもちろん有効ですが、すべてを鵜呑みにすることも危険です。あなたはあなたで情報を取捨選択できる知識や術が必要なのです。

繰り返しますが、営業マンの本分は「家を売ること」です。必ずしも、あなたにベストな提案をしているとは限りません。

02 営業マンも銀行員も住宅ローンに詳しくない？

20年前と現在とでは異なる借り入れ事情

マイホーム購入の一番の相談相手が営業マンになることが多いと書きました。住宅ローンの選択についても、営業マンの影響力を実はかなり強く受けています。住宅金融支援機構が行なった調査で次のような結果が出ています。

「現在、すでに住宅ローンを返済中の方を対象に返済中の住宅ローンを選んだ決め手は何か？」という質問に対して、「住宅事業者からの紹介」「住宅展示場で勧められて」という回答が一番多いという結果が出ているのです。

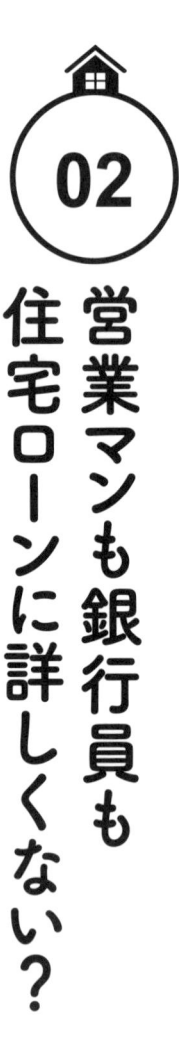

特にハウスメーカーの場合、営業マンがマイホーム購入計画のプロデューサー的な役割を担うケースも多いので、資金調達についても影響力を持つことは自然なことかもしれません。住宅ローンに関して営業マンの一番の関心事は自社で購入できる金額を借りることができるお客様かどうかです。

それを判断するのに必要なので、早い段階でさりげなく収入や勤務先などを聞き出していきます。それらを聞き出せれば、おおよその借入可能額は計算できます。

ところが多くの営業マンの傾向として、どこの銀行で借りるのかというお客様が悩むポイントについては**日頃、取引が多く使い慣れている銀行を提案する傾向**があります。

私が住宅業界に就職した20年近く前は、たしかに銀行も横並びだったため、それほど住宅ローンの商品性に違いがあったわけではありません。むしろ、銀行は現在ほど住宅ローンに力を入れておらず、注文建築なら住宅金融公庫（現・住宅金融支援機構）の融資を使うことが主流でした。

それがいまでは、金利の低いインターネット銀行も増え、既存の銀行も住宅ローンの商品性を高めて、差別化しようと躍起になっています。どれを選べばよいか判断がつきにくくなっている人も多いのです。営業マンは使い慣れた銀行だけを勧めてくるので、本当は比較して決めたいけれど、借り入れの面では、営業マンから十分に有益な提案がなされないケースが少なくありません。

審査の通りやすさも考慮

ご相談者から実際に聞いたこんな話があります。

中途入社で住宅業界に入ったという担当の営業マンが、「『自分は銀行出身なので住宅ローンのこともいろいろ提案できます』というので期待していたら、日頃、取引が多い地銀の情報はよく知っていたけれど、普段あまり使う機会がない他の銀行のことはまるっきり知らず、ネットで聞きかじった程度の自分たちのほうが詳しかったぐらい」という笑えない話もありました。

営業マンを弁護しておくと、仮にお客様の審査承認が危ないラインの場合であっても、日頃から付き合いが多い銀行のほうが融資承認を得やすいこともあります。そして融資承認が得られるならば、営業マンとすれば他の銀行をわざわざ探して提案する必要性がないので、そのまま話を進めることが多くなります。自ずと他の銀行の情報を多少は知っていても詳しくは把握していないことが多いのです。

つまり、営業マンが不勉強だと責めたいのではなく、住宅ローンに関しては営業マンの提案だけがすべてではないので、その意見を参考にしつつ、気になるならご自身でも他を探して、営業マンに「○○銀行はどうですか？」などと逆提案し、一緒に調べてもらうという付き合い方も有効だと思うのです。

住宅ローンに詳しい銀行員は少ない？

営業マンがあてにならないのなら、自分で銀行に相談に行けばよいと考える方もいるでしょう。ところが銀行員も実は住宅ローンに詳しい人は限られています。意外かもしれませんが、これは私の感想だけではなく、住宅営業マンの多くから聞く話でもあります。

最近は都市銀行や地方銀行は住宅ローンの相談・申込みは支店では受け付けず、住宅ローンセンターなど住宅ローン専門に扱う部署で一括対応しているケースが増えています。普段使っている支店に相談に行っても、担当者自身があまり住宅ローンを扱ったこともないケースが多くなっているのです。

一方の住宅ローンセンターはどこの支店にもあるというわけではなく、地域の拠点となるエリアにしかないケースも多いので、遠くまで足を運ばなければいけないケースもあります。また、銀行の住宅ローンセンターの担当者も定期的に転勤をします。住宅ローンとは関係のない部署から転勤してくることも当然あります。

ある銀行の住宅ローンセンターのベテラン行員がこっそり教えてくれた話として、次のような話があります。「住宅ローンセンターは支店であまり活躍できず、自信をなくした社員や精神的に参ってしまってリハビリ的な意味合いで配属されている社員も多い」というのです。これはあくまでも一例に過ぎませんが、たしかに、**「住宅ローンに詳しくないなと感じる銀行担当者も少なくありません」**。

これは住宅の営業マンや不動産会社の営業マンも同じように感じていて、詳しくて頼りになる担当者に対しては、エリアが許すなら転勤先にも相談に乗ってほしい、と追っかけていくケースもあります。それくらい、住宅ローンに頼りになる担当者が少ないということです。

銀行は、もちろん住宅ローンだけが業務ではありません。窓口に来るお客様に対しては保険の販売も投資信託の販売も行なっています。企業の融資ももちろんあります。非常に守備範囲の広い業務すべてに精通するのが理想ですが、そこに至るには時間もかかることでしょう。

銀行に限らず、他社の商品についての情報はどうしても限られてきますし、他行の住宅ローンを勧めるなんて間違ってもできません。

銀行は一消費者が住宅ローンを相談する先として必要ではありますが、比較してどれがよいかを検討するには、それぞれの金融機関から情報を得なければいけません。

最近、増えているインターネット銀行も一見便利ですが、担当者と面談してのやり取りが基本的にはありません。混み入ったケースで相談したい時などは、逆に不便を感じるでしょう。そんな背景もあって、住宅ローンの選択にあたり住宅・不動産営業マンの影響力が増しているのかもしれません。

銀行		△△銀行			
優遇後金利	優遇期間	基準金利	優遇幅	優遇後金利	優遇期間
		2.475%			
		2.700%			
		3.500%			
金利上乗せ幅		種類		金利上乗せ幅	
0.0%		一般		0.0%	
0.2%		三大疾病付		0.2%	
0.0%		がん診断付		0.0%	
0.0%		八大疾病付		0.0%	
		給与振込指定			
		カードローンの契約			
つなぎ融資		つなぎ融資			
		土地決済時			
		建物竣工時			
		融資実行時			
		融資申込時			

03

お得な住宅ローンは金利比較だけではわからない

チェックリストをつくってみると

住宅ローンの比較でわかりやすいのは「金利」です。住宅ローンのチラシなども「金利が低い！」ということを大きくアピールするケースが多くあります。

毎月の返済額に直結する金利ですから、比較の重要ポイントになるこ

■図1｜住宅ローンの比較チェックリスト

銀行名		○○銀行				××	
金利		基準金利	優遇幅	優遇後金利	優遇期間	基準金利	優遇幅
	変動	2.475%				2.475%	
	期間選択型固定金利	2.700%				2.700%	
	全期間固定金利	3.500%				3.500%	
保証料							
保証料の金利上乗せ対応							
手数料							
団体信用生命保険		種類		金利上乗せ幅		種類	
		一般		0.0%		一般	
		三大疾病付		0.2%		三大疾病付	
		がん診断付		0.0%		がん診断付	
		八大疾病付		0.0%		八大疾病付	
繰上げ返済手数料							
金利優遇の条件		給与振込指定				給与振込指定	
		カードローンの契約				カードローンの契約	
工事期間中の中間金の対応方法		つなぎ融資				つなぎ融資	
融資の実行可能時期	土地分	土地決済時				土地決済時	
	建物分	建物竣工時				建物竣工時	
金利の確定時期		融資実行時				融資実行時	
		融資申込時				融資申込時	

とは間違いありません。でも、金利の比較だけで、自分にとってメリットのある銀行を見つけ出せるわけではないのです。そこで、住宅ローンの比較をするためのチェックリストをつくってみました（図1）。

　ホームページで調べればわかるものもありますが、保証料の金額は審査に出さないとわかりません。他にも気になるポイントとして、注文建築をされる場合、個人的には特に次の2つの点を気にして見ています。

●融資実行可能時期、および工事期間中の中間金の対応

融資実行可能時期及び工事期間中の中間金の対応

これは住宅ローンを借りた経験のない人の場合、当初はあまり気にしていないポイントです。融資実行可能時期と中間金の対応は連動して動きます。

通常、融資の実行可能時期について、土地融資分は土地の残代金決済（土地の引渡し時）であり、建物分は建物の竣工時となることが一般的です。

しかし、注文建築の場合、契約金、着工金、上棟金、竣工金と工事の進捗に合わせて数回に分けて支払いをすることが一般的です。ここの対応は会社によっては契約金と竣工金の2回でよいというところや、着工時までに50％の入金を条件にするなど対応はまちまちです。

すべてを自己資金で支払う予定の方や、工事期間中は自己資金で立て替えて支払っていける人は気にしなくてもよいのですが、住宅ローンで中間金の支払いをしなければいけない場合、**いつ融資実行されるのか**はとても重要な要素になります。

銀行によって中間金の対応については4つに分かれます。

❶つなぎ融資で対応
❷分割実行で対応
❸つなぎ融資でも分割実行でも対応可能
❹着工時に全額実行

それぞれポイントを見ていきます。

❶つなぎ融資で対応する場合

融資実行は建物の完成時しかできない銀行の場合、つなぎ融資での対応となります。つなぎ融資とは、建物が完成し、住宅ローンが実行できるまでの数か月間だけ借りる「短期の融資」のことです。

建物が完成して、住宅ローンが実行されたら、そのお金でつなぎ融資を完済し、当初の予定通り住宅ローンの返済を行なっていきます。

短期のローンといっても、あくまでも借入金ですので利息はもちろん、手数料が発生す

■図2　つなぎ融資のイメージ

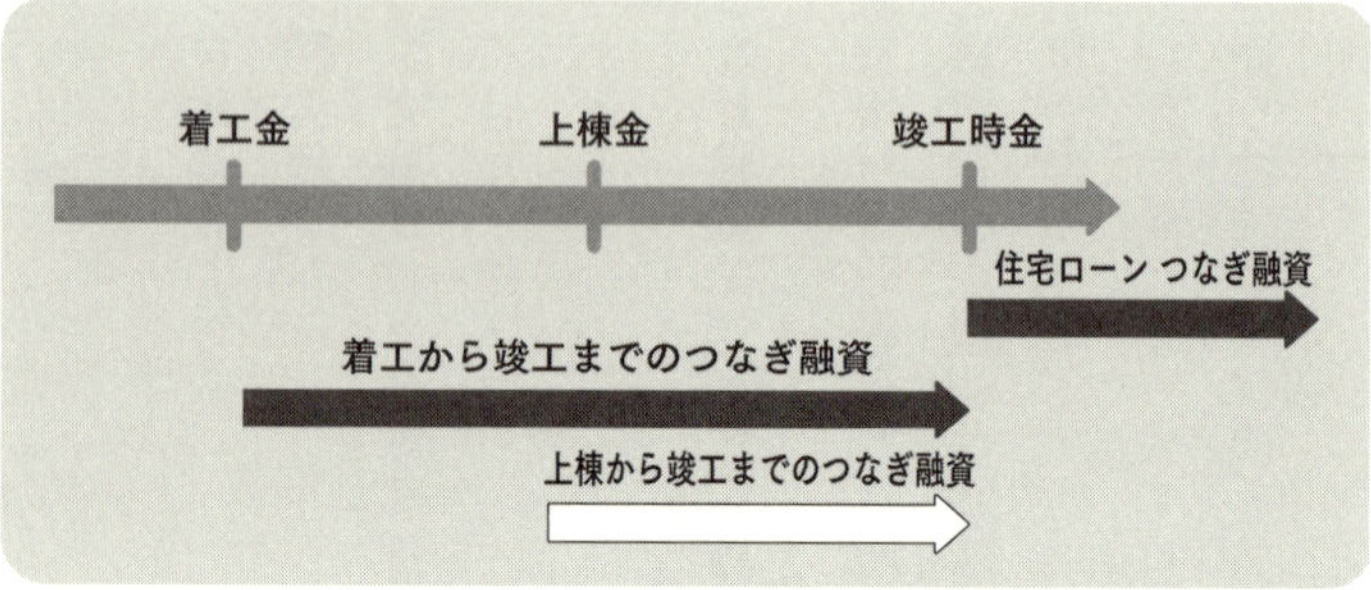

ることもあります。工事期間中は元本の返済はせずに利息だけ支払うケースや、概算で利息分だけを先払いし、住宅ローンの実行時に清算する方法をとるケースもあります。

いずれにしても、**「つなぎ融資」は工事の中間金を支払うために借りるお金**です。もちろん工事を進めてもらうために必要なお金ですが、消費者の立場で考えると、費用だけが発生しているイメージのローンです。金利も優遇金利があるわけでもなく、住宅ローンに比べると高い金利です。

もし工事が遅れると、つなぎ融資の利息も追加で発生するので、使わずに済むなら使いたくないローンです。ただ、注文建築の場合は次に触れる分割実行か、つなぎ融資を使わざるを得ないケースがほとんどです。諸費用に手数料などを見込むなど見落としがないようにしたい部分です。

つなぎ融資を使わざる得ない場合、大手のハウスメーカーの中には低金利のつなぎ融資を独自に用意している会社もあります。建築をお願いする会社に「つなぎ融資のあっせんは可能かどうか」を問い合わせてみてもよいと思います。

❷分割実行で対応する場合

分割実行とは、借りる予定の住宅ローンの金額を数回に分けて融資実行してもらう方法のことです。たとえば総額で2000万円を借り、工務店に

着工時金　500万円
上棟時金　500万円

を支払いたいとします。

つなぎ融資の場合は500万円ごとの短期の融資を実行するイメージですが、分割実行は2000万円のうちの500万円をそれぞれのタイミングで実行してもらいます。

つなぎ融資と分割実行との違いは、分割実行をするとその分は返済がスタートすることです。もし現在、アパート暮らしで家賃が発生しているなら、家賃との二重払いになる可能性があります。もちろん二重払いでは大変なので、分割実行をしても返済のスタートは工事完成後でもよい、というように返済を猶予してもらうこともできます。その場合、工

事期間中は利息だけを支払います。

分割実行の場合、分割で融資実行した金額分はその時に金利が確定します。つまり、工事中に金利が変動すると、着工金の５００万円は０・８％、上棟金の500万円は０・９％、竣工時金の１０００万円は１％……のように違う金利で計算した返済額で支払いをすることになります。金融機関により対応が分かれますが、分割実行するたびに抵当権を設定する場合としない場合があります。

つなぎ融資と違うのは、住宅ローンが実行されるので団体信用生命保険が工事中から適用されていることです。つまり工事途中で万が一のことがあってもローンが残らずに精算されるのです。

つなぎ融資の場合もそういったケースに対応できるように住宅融資保険を活用しているケースもあります。

❸着工時に全額実行されるケース

少ないケースと思いますが、建物工事の着工時に土地にだけ抵当権を設定して住宅ローン全額を融資実行してくれる金融機関があります。

そのメリットは、

●団体信用生命保険が融資全額に適用される
●住宅ローン全額が実行され口座に入金されるので、工事中の支払いがスムーズ
●金利が早い段階で確定する（金利の下降局面ではメリットとはいえないが）
●つなぎ融資のような別の手数料は発生しない

逆に、デメリットとしては、

●融資が実行されるので、返済がスタートする（ただし返済猶予で返済スタートを竣工後にすることもできる。工事中は利息だけを支払う）
●工事途中に金利が下がっても、実行済みなので金利は変わらない

注文建築の場合は着工時に自分名義の銀行口座に融資金が入金されているので、諸々の支払いがスムーズにでき、非常に使い勝手がよいと思います。

注文建築を予定する相談者の時には、こういった住宅ローンをご紹介することもあります。ただ対応できる金融機関は少ないので、候補の金融機関が中間金の支払いへの対応を

じぶん銀行		ソニー銀行		イオン銀行	
2.20%		2.20% or 44,000円		2.20%（最低220,000円）or 110,000円	
0		0		0	
一般・ワイド	上乗せなし	一般	上乗せなし	一般	上乗せなし
がん 50%	上乗せなし	三大疾病	+0.2%	がん	+0.1%
がん 100%	+0.2			8 大疾病	+0.3%
11 大疾病	+0.3				

どのようにできるのかを確認しておくことは、住宅ローン選びのポイントのひとつになると思います。

❹団体信用生命保険の保障内容と保険料負担の条件

フラット35以外の住宅ローンの場合、団体信用生命保険の加入は融資条件となっていることがほとんどです。本人の返済能力がどんなに高くても、健康状態で保険に加入できない状態だと、フラット35以外の住宅ローンは原則、借りられません。

フラット35はこの団体信用生命保険が任意となっているため、健康状態に問題がある方でも借りることは可能です。もちろんその場合、万一の時には住宅ローンが完済されずに家族に残りますので、そのまま引き継いで払い続けるか、ご自身で加入している生命保険の保険金で完済するなどの対応が必要となります。

■図3｜団体信用生命保険の保障の違い

ネット銀行一覧

銀行名	住信 SBI ネット銀行		楽天銀行	
手数料	2.20%		330,000円	
保証料	0		0	
団体生命保険	全疾病付き	上乗せなし	8大疾病付・就業不能付	上乗せなし

低金利の昨今、銀行も住宅ローン獲得のため金利を下げようにも損益分岐点ぎりぎりのところまで来ているといわれます。それでも住宅ローンを獲得することは、その後の資産形成や将来の退職金の運用や相続関連の取引への長期的な戦略として重要だと位置付けています。そのため、金利以外で差別化を図るべく、団体信用生命保険の保障内容で差をつけています。そこで団体信用生命保険の保障の違いをネット銀行を例にまとめてみました。

銀行間の競争もイタチごっこの様相を呈していて、どこかが新しい商品やサービスを提供すると、他行が追随してくる印象です。しかし、図3にもある通り、団体信用生命保険については金利に上乗せせずに提供できる範囲が銀行によって違ってきます。

「事務手数料と保証料の違い」の見方

銀行のホームページを見ると、住宅ローンの金利はすぐにわかります。中には保証料不要と謳っている銀行があります。でも、よく見ると、事務手数料が他よりも高いケースもあります。金利だけでは比較できない、もうひとつの要素です。

事務手数料と保証料の違いを理解して、自分たちにとって本当にどちらが得なのか、比較してみる必要があると思います。

「事務手数料」とは文字通り、銀行へ支払う手数料のことです。3万3000円と低額な銀行から、融資額の2・2%と高額なところまであります。2・2%というと、2000万円の融資額なら44万円です。3万3000円の銀行と比べると差は大きいです。

しかし、2・2%の銀行は保証料が不要のこともあります。

「保証料」とは、住宅ローンを借りる人の連帯保証人の役割をしてくれる保証会社に支払いをします。もしも借りた人が返済不能になったとき、保証会社は銀行へ代わりに一括返済をしてくれます。このあたりの仕組みは第7章で詳しく触れたいと思います。

ここでは、万一返済不能と銀行が判断した時には保証会社が借りた人に変わり、銀行へその時点の残高を一括で返済してくれる仕組み、ということで留めておきます。当然、保証会社も無料で保証人をしてくれるわけではないので費用が発生します。この費用のことを「保証料」といいます。保証料の金額は住宅ローンの審査により決定します。

ある銀行のホームページの情報によると2000万円を借りる場合、41万2280円が保証料として必要になります。さらに手数料の3万3000円を加えると、全部で44万5280円となります。そうすると、保証料が不要で手数料が2・2％の銀行と大差ない金額です。むしろわずかですが、諸費用としては高くなります。

しかし、保証料は35年返済で借りたなら35年間保証するための保証料ですので、住宅ローンを繰上げ返済して早く完済すると、短縮された期間分は精算され、返金される可能性があります。一方、事務手数料は住宅ローンを借りる際の払いきりですから、繰り上げ返済しても、後から返金されることはありません。

保証料と手数料の金額が大差ないとしても、将来的に返金される可能性の有無では差が生じる可能性があります。

04 「奥さんの働き方と子供の教育方針」が家の予算に与える影響は大きい

ライフスタイルを考えておく

不動産や住宅の営業マンの資金相談は主に、「あなたの年収ならいくら借りられます」という視点になりがちです。私自身も売る側にいたのでわかりますが、「いくら借りられるのか？」は営業マンにとっては気になることです。

「予算診断サービス」としてマイホーム購入の予算設定をアドバイスしていて感じるのは、お子さんの教育方針と奥さんの働き方は予算設定に大きな影響を与えるということです。

教育方針については、

●小学校受験、中学校受験をするのかどうか？

●高校は公立だけに絞って考えるのか？　私立も想定に入れるのかどうか？

といった点です。進路の違いによる教育費の違いは第3章でも触れているのでここでは省きますが、特に小学校・中学校から私立を想定するなら、早くから教育費の負担が増えることになります。自ずとマイホームの予算にも影響します。

現在、夫婦ともに正社員でバリバリ働いているというご家庭でも、奥さんがそのまま定年まで働くつもりかどうか。体力的に厳しいお仕事をされていると、同じ仕事をずっとは続けられないと考える人も増えます。お子さんが一定年齢までは家庭に入って育児に専念したいという人もいます。

奥さんの退職、ご主人の転職……

住宅ローンを借りる際に「**収入合算**」や「**ペアローン**」という形で夫婦の収入を合わせて借りる方法があります。二人分の収入で審査をしてもらえるので、一人の収入で審査をするよりも多くの金額が借りられる可能性があります。

住宅ローンの審査をする段階では、「審査に通るかどうか？」が最大関心事です。気に入った物件があって、それを購入するのに必要な住宅ローンの借入額が審査を通すには不安を感じる場合や、そもそも収入が足りない場合は「夫婦で収入合算しましょう」という提案も出てくることでしょう。

しかし、「借りられさえすればなんとかなる」と安易に収入合算を選択すると、奥さんが退職する場合や正社員からパートに変わるなどの収入の変化があったとき、住宅ローンの返済額が重く感じてきます。奥さんが将来にわたってどんな働き方を希望するのかを夫婦で話し合っておくことは、実は家を買うタイミングではとても重要なポイントです。奥さんだけではなく、ご主人も将来、転職や独立するなど働き方に変化がありそうなら、住宅ローンの返済をどう継続していくのか、繰上げ返済する術があるのかを見極める必要があります。

マイホームの予算を考えるときに**「買えるかどうか」ではなく、「買ってから生活していけるかどうか」から考える**ときに、お子さんの教育方針と奥さんの働き方はマイホーム選びに大きな影響を与える要素です。

05 値引きにはタイミングとコツがある

マイホームを購入するときは、少しでも安く買いたいのは人情です。しかし、欠陥住宅などは手にしたくはありません。

いまやインターネットで買えないものはない、とさえいわれます。同じ商品ならどこで買うのが一番安いのかがわかる専門サイトもあります。それでも、不動産に関してだけは、インターネットで最安値を探すことはできません。なぜなら、まったく同じ商品（物件）は2件とないからです。近隣の似たような物件はあっても、同じ物件ではありません。

不動産サイトを見ると、複数の不動産会社が同じ物件Xの広告を出していることがあります。これは売主であるA不動産会社が、B不動産会社とC不動産会社にお願いして、広告を出しているからです。仮にB不動産会社に連絡しても、C不動産会社に連絡しても、販売金額は基本的に同じです。値引き交渉をしても、最終的にA不動産会社がOKしないと交渉は成立しません。

不動産の場合、売れ行きがよくない分譲地やマンションの値段を下げた広告を用意するほかに、個別に問合せがあったお客様に、「値段、下げられますよ」と営業することはあります。でも、値段が下がるのを待つのではなく、**気に入った物件の値段を交渉することは可能でしょうか？**

答えはイエスです。

もちろん、交渉にはタイミングとコツがあります。購入する物件の種類ごとにまとめてみたいと思います。

「土地購入・中古物件」の値引き交渉

交渉のタイミングは、物件を見学し、買付証明書（購入の意思表示）を提出するまでの間です。たまに買付証明書を出して、契約の日取りも決まっている方から、

「いまから値引き交渉できるものですか？」

という相談を受けることがあります。

契約の日取りまで決まっているということは、購入金額も一度は折り合いがついているということです。売主と買主の間で交渉が成立した金額を変えるなら、そもそも話は振り出しに戻ることになります。決めた契約日はキャンセルして、もう一度値段交渉することになりますので、売主から「あなたには売らない」と拒絶される可能性もあります。

土地や中古物件などの形がある物件を購入する際には、買付証明書を書くまでの間に値引き交渉をする必要があります。場合によっては、購入したい金額を書いて、買付証明書を出すケースもあります。その場合、書いた希望金額で売主がＯＫなら交渉成立ですが、希望金額では難しいけれど、ここまでなら下げてもよいという金額を返されることもあります。双方が納得できなければこの取引は不成立です。

ただ**値引きを交渉するにしても、何らかの材料は必要**です。更地引渡し予定になっている既存建物が建っている土地を購入するなら「解体工事は自分で手配するので、その分は金額を下げて欲しい」というのも一例です。「残代金の支払いもすぐにできます」というのも交渉の材料としては有効かもしれません。

要は、**売主が喜ぶポイントを突ければ交渉の成功率が高まる**、ということです。このあたりの交渉は、信頼できる仲介業者さんと戦略を練るのもよいと思います。

「新築マンション」の値引き交渉

正直、引渡し時期が近づいている物件やすでに引越しが始まっている売れ残りのマンションでなければ、金額交渉は難しいと思ってください。

新築マンションのモデルルームは現場の近所や最寄り駅の近くに仮設の建物で設置したり、ビルの一部に設置されたりします。このモデルルームに何度か通っていると、販売価格を見直して下げてくるタイミングがあります。業者の思惑よりも申込件数や反響が少ないと販売戦略の見直しに迫られ、販売金額の見直しやオプションのサービスなど購入者にメリットのある話が出てきます。このタイミングを待たなければ基本的には金額が下がることはないと思います。

しかし、マンションも販売戸数は決まっていますし、自分が買いたい部屋がいつまでも残っているとも限りません。**新築マンションで値引き交渉するのは「残りものには福があ**

る」精神でやる必要があります。

「新築建売住宅」の値引き交渉

新築建売住宅の場合も、売主であるデベロッパーやハウスメーカーなどが直接販売しているケース、あるいは仲介業者を介して販売しているケースがあります。

いずれにしても、**「購入申込書」の類の書類を記入するまでが値段交渉のタイミング**です。中古物件の場合は、不動産業者ではなく個人のケースが多く、新築の場合は業者であることがほとんどです。

業者の立場で考えれば、あまり長期間売れずに保有していることは避けたいのが心情です。ほとんどの業者は、建売住宅を建築するために土地を仕入れて、工事をします。その間、先行投資としてコストが発生しています。自前の資金で賄えているなら、費用の回収までの期間が少し長くなる話ですが、もし銀行から資金を調達している場合、利息が発生したり、返済期限が迫ってきたりします。そうすると売主である業者の決算のタイミングなどは値引き交渉のひとつのポイントにはなり得ます。

決算月ではないとしても、月末に数字を締める会社は多いはずです。やはり月中から交渉をして、月内に契約をするのかどうなのか、決断を匂わすという作戦は効果的かもしれません。ただ建売の場合、購入希望者が住宅ローンを借りられるかどうかも重要なポイントになるため、どこかですでに事前審査が通っていて、**住宅ローンが借りられる人であれば、値下げ交渉のスピードも速い**と思います。

「注文建築」の値引き交渉とタイミング

注文建築の工事代の値引きについては、一切、応じない会社もあります。それどころか、予算があって提案をしているので、「もっと仕様をよくしたいなら予算をアップしてください」となったりもします。もちろん、受注ができなければ売上はゼロです。現場の職人さんの仕事を確保しなければいけない事情もあるため、値引きの交渉もそのあたりがポイントになります。

値引き交渉は、家についてひと通り提案され、金額が提示されてから始まります。間違っても家づくりの初期段階から「いくら値引きしてくれるの？」と、図面も見積書もないうちから聞いても無駄です。そんなことをすると、「このお客さんは、多めに値引きすれば契約してくれるということか。それなら、最初の見積もりを多めにしておいて、値引きを多くしたように見せかけよう」といったことも可能なのが注文建築です。

注文建築での値引きのポイントは、先方（工務店、ハウスメーカー）の営業活動にどれだけ協力できるかだと思います。たとえば、次のようなことです。

- 自分の家を工事中や竣工後の現場見学会の会場として使うことに積極的に協力する
- 工期にこだわりがなければ、工務店やハウスメーカーの都合のよい工期に協力する
- 家を購入したい、関心があるという友人・知人を紹介していくことを約束する
- 「今月契約してください」という営業マンの営業数字の締めに協力する

見方によっては業者の都合に合わせる行動ですが、**値引きの社内決裁を取りやすく協力する**ということです。**値引きには理由が必要**です。営業活動か会社の売上に協力してくれる姿勢は、上司と交渉する営業マンにとってもありがたい申し出のはずです。

ここで簡単に注文建築の場合の売上のタイミングについて予備知識として触れておきましょう。注文建築の場合は契約をしただけでは当然、会社の売上にはなりません。建築工事での売上計上のルールには二つあります。

①完成基準（引き渡し基準）——一つは工事が竣工するか、引渡しを受けてもらって売上する方法です。

②工事進行基準——もう一つは、工事の進捗ごとに少しずつ売り上げていく方法。工事進行基準の場合、たとえば基礎工事が終わったら全体の20％分を売り上げるというように少しずつ売上に計上されていきます。

大手のハウスメーカーでは工事進行基準を採用しているところもありますが、個人の住宅の場合は完成基準（引渡し基準）で売り上げている会社が多いようです。

そう考えると、契約をもらった次に会社として気になるのは、いつ売上にできる工事なのか、ということです。まだ期初の段階なら今期の売上に入れられるならありがたいと考えるかもしれません。そこに値引きを交渉する余地があります。

相手あっての交渉なので、必ずしもうまくいくとは限りません。ただこういったポイントを踏まえて、値引き交渉することで成功率が高まるはずです。

06 建築費を安くするポイントはどこ？

コストダウンの目の付け所はどこか？

注文建築の場合、予算を決めて打合せを始めても、見積もりを出してもらったら予算をオーバーしてしまうことがあります。もちろん我慢する点は我慢して、譲れない点はこだわり、メリハリをつけているつもりでも、思ったより金額がオーバーしてしまった、というケースです。

予算はこれ以上増やしたくないし、何とかコストダウンをさせるにはどうしたらよいでしょうか？

実は、同じ間取りのままでコストダウンするには、施工会社を変えるしかありません。でもここまで打合せをしてきて、またイチから他の会社と打合せをするのも大変です。

そこで検討したいのが次の点です。

- 工法の変更・仕様の変更
- 設備グレードの変更
- 面積の見直し

注文建築の場合、木造と木造以外（鉄骨、ＲＣコンクリート等）とに大きく分けられます。木造の場合、日本の在来工法ともいえる木造軸組工法とツーバイフォー工法とに分けられます。同じ木造でも工法を変えると、コストが変わることもあるのです。複数の工法での施工が対応可能な施工会社なら、**工法の違いによるコストの違いを確認してみる**のも手です。

ハウスメーカーの場合は複数の工法を扱う会社は少ないですが、商品の違いや仕様の違いで間取りを変更せずともコストが変わることがあります。

また設備のグレードの違いも当然、コストに関わります。こだわりがあるものまで変更する必要はありませんが、設備メーカーを変更することは、コストダウンできる要素になります。

「面積を削る」あの手、この手

そして、やはり**コストダウンのインパクトが大きいのは面積を削ること**です。面積を削るといっても、使い勝手まで悪くしては本末転倒です。

ハウスメーカーに在籍していた頃に感じたのは、コストダウンについては設計士より営業マンのほうが思い切りよくできるということです。設計士の立場では、専門家のプライドとして、「最低限クリアさせたいこだわり」を感じることがあります。そのため、なかなか思い切ったコストダウンをしない印象があります。

営業マンの立場でもこだわりがないわけではありませんが、予算に収めて、契約に結び付けていくことが役割です。思い切ったコストダウンの提案をすることがあります。その時に持ち出していたのが面積を削るという作業です。

まず、廊下などの居室以外のスペースがあれば、極力それらをなくしても間取りが成り立たないかを検証します。それだけでも数平方メートル削れるかもしれません。さらに建物の外周をぐるりと50cmくらい削ってみます。

イメージはコピー機で少し縮小コピーするイメージです。間取りはそのままでやや小ぶりになります。各部屋の広さは少し狭まりますが、使い勝手には大きく影響しない程度にし、具体的には、6帖の個室が5・6帖になるようなイメージです。

1Fと2Fの按分でも、コストダウンに！

次に同じ面積の家でも1階と2階の面積の割り振り方でもコストが違います。
たとえば延べ床面積40坪の家を設計する時に次のような2パターンがあるとします。

Aパターン

1階 30坪
2階 10坪 合計 40坪

Bパターン

1階 20坪
2階 20坪 合計 40坪

各階の面積が違う以外は仕様も設備も同じだと仮定したら、AとB、どちらの建築コストが安いと思いますか？

答えはBのほうが安くなります。ただこれには条件があります。「**積算**」といって、建材資材の必要量を図面から計算して見積りをつくる工務店やハウスメーカーの場合です。営業戦略として価格をわかりやすくするため、面積ごとに坪単価を決めて販売している会社の場合は、同じ面積ならお客さんとの工事代金は同じになるはずなので該当しないかもしれません。

この1階と2階の面積が同じになるデザインの建物を「**総2階**」と呼びます。1階のほうが広い場合、同じ延べ床面積でも地面と接する面積が増えることになります。**地面に触れる面積が広いと、基礎工事の施工範囲も広がる**のです。自ずと地面の掘削の面積も基礎に流し込むコンクリートの量も増えてきます。地面の掘削面積が広い場合、掘削して出てきた土の処分量も増えます。

延床面積は同じでも、こういった点でコストに差が生じます。デザイン的にも好みがあるので「総2階で設計すべき」とは言いませんが、コストダウンの手段として知っておくとよいと思います。

予算オーバーで、計画が中断しそうになってもあきらめずに検証してみましょう。場合によっては営業マン、設計士にコストダウンにつながる可能性のある方法をリストアップしてもらい、ご自身たちが採用できる方法を検証するのもよいと思います。

第5章

マイホームの選択肢をどうするか？

01 「買う」にもたくさんある選択肢

新築・中古、いろいろな選択肢がある

「マイホームを買う」という場合、選択肢として考えられるのは次のようなものです。

一戸建て

- 注文建築（新築／中古）
- 建売住宅（新築／中古）

マンション

- 分譲マンション（新築／中古）
- 団地（中古）

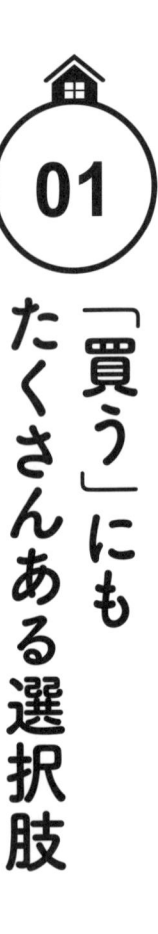

● コーポラティブハウス（新築／中古）

一戸建ての場合は、賃貸住宅併用住宅や店舗併用住宅など「住まい」の機能だけではなく、「事業的」な要素も含めた選択肢もあります。最初から他人に貸す前提で店舗や賃貸住宅部分をつくり、入居者が見つかれば家賃収入が得られます。自宅を有効活用していきます。ただ、その場合は立地など、賃貸経営に向いていることが前提になりますので、どこでも可能というわけではありません。

コーポラティブハウスの選択肢

マンションのカテゴリーにある「コーポラティブハウス」は馴染みが薄いかもしれません。前にも述べたことですが、少しここで説明を加えておきましょう。

コーポラティブハウスとは、最終的な所有者になる購入者自身が共同で土地の仕入れ段階から建物の設計に至るまで関わっていく方法です。わかりやすく表現するなら、**「マンションの注文建築」ともいうべき**ものです。

コーポラティブハウスでは事業を進めるにあたり、事業をコーディネートする会社が計画全体をサポートします。このコーディネートを行なう会社は、それを専門に行なう会社や不動産会社が一事業として手掛けるケース、さらには設計事務所や建築会社が手掛けるケースがあります。

コーディネートする会社はコーポラティブハウス事業を行なう土地を選定して、プロジェクトに興味のある人を募集します。つまり、「ここにマンションを建てて住みたい人はいませんか？」と募集をします。そして、実際に事業に参加する人が集まったら組合をつくり、この組合名で土地を購入し、建物は各々の割り当てスペースを自由に設計していきます。工事の施工会社も組合で選定して、発注をします。

コーポラティブハウスのメリットとしては、次のような点が考えられます。

● マンションでありながら、専有部分に関しては自分の好きな設計ができる
● 新築マンションにありがちなモデルハウスや広告宣伝費などの経費分が省ける
● 将来の住民が共同で事業を進めるため、早い段階からコミュニティが形成され、入居後もスムーズに管理組合の運営などが行なわれる

一方、デメリットとしては次のようなことが考えられます。

- 一緒に事業を行なってくれる人が集まらなければ事業が開始されない
- イチから自分達で打合せをして事業を進めるため、完成までに時間がかかる
- 共同住宅という性格上、自分の意志だけで決められない部分がある

このように、「マイホーム」の選択肢はいろいろあります。

最初から選択肢を狭めてしまわないで、自分たちのライフスタイルや将来設計に照らして、いろいろな可能性を探ってもよいと思います。

02 「予算がないから建売住宅」とあきらめるのは早い

◉ローコストでも「セミオーダー住宅」を持てる

「あまり予算が多くないから建売住宅でいいと思っています」

という趣旨のお話をされる方がいます。こう聞くと、私はがっかりします。建売がダメということではなく、消去法的に住まいを決めているようで、今後の人生にもケチをつけているような気分になるからです。こういう人は、

- 注文建築 ＝ 予算に余裕がある人の選択肢
- 建売住宅 ＝ 予算に余裕がない人の選択肢

と考えているようです。

たしかに、注文建築はこだわればいくらでも建築費は高くなります。さらに打合せが進

まないと建築費も正確にはわかりません。予算に余裕がないと不安を感じるかもしれません。

ところが、当初は「予算の関係で建売住宅を考えていた」にもかかわらず、最終的に注文建築でマイホームを実現されるケースがあります。

注文建築が実現できたのは次のようなケースでした。

①相談の結果、家計的に予算を増やすことが可能だった場合
②ご自身では、注文建築をできる予算ではないと思い込んでいただけで、実は注文建築が可能な予算だったケース
③土地を探すエリアを広げることができた場合
④ローコスト住宅（低価格住宅）メーカーで建築した場合

①は客観的に家計を診断した結果、無駄を省くなどで予算を増やす術が見つけられ、注文建築も考えられそうなら注文建築をしたいとなりました。

②についても、ご自身で勝手に「注文建築は高い」という思い込みで選択肢を狭めてい

たケースです。「そもそも注文建築も検討できる予算ですよ？」とお伝えすると、とても驚き、喜ばれていました。

③については、当初考えているエリアでは土地を買って注文建築することは考えづらいけれど、エリアを広げて考えるならば、土地の値段が下がることで注文建築も実現できそうだというケースでした。

④についてはエリアを変えられないなら、建物の建築コストを下げなければ注文建築は実現できません。最近は「本体価格750万円～」とか「坪単価35万円～」などコストが安いことを売りにした会社も増えています。

ローコスト住宅だから質は悪いかというと、そうでもありません。フラット35S（フラット35の金利優遇がされる仕様）基準を満たし、場合によっては長期優良住宅の認定も取得できるところもあります。ただ、プランについては完全な自由設計ではないケースが多いようですが、それでもセミオーダー的な感覚でマイホームを実現できます。ローコスト住宅であっても自分で選んだ土地にセミオーダーで希望に近いプランで建築ができます。

アフターサービスを期待できるかどうか

アフターサービスにも差があります。

建売住宅は、地元の不動産会社から大手のハウスメーカーまでさまざまな会社が販売をしています。建売住宅の販売を主業務とする会社や不動産会社が販売する建売住宅の場合は、アフターサービスはないと考えてよいでしょう。もちろん売主として負うべき瑕疵《かし》担保責任などは対応しますが、日々の設備の不具合や建物の不具合はアフターサービス部門を配置して、迅速に対応する体制まで整えている会社はほとんど見かけません。

同じ建売でも、注文建築も相当数やっている会社や大手のハウスメーカーなどはアフターサービス部門も配置されているケースが多く、建売住宅を購入しても建物のメンテナンスなどの対応も期待できます。そんな視点からも、たとえローコスト住宅だとしても、建売住宅を購入するよりも、注文建築のほうがよいと感じるときがあります。

「予算が少ないから建売住宅で我慢する」とお考えなら、最終決断する前にいま一度、本当にその選択で後悔がないか検証してみるとよいと思います。

03 「資産性」から見たマイホームの選択肢

持ち家がよいか、借家がよいか

以前にも書きましたが、「マイホームは収益を生まないから負債だ」と考える人もいます。そういう人は、借金してまで家を購入する人の気が知れないと感じ、一生、賃貸住宅でもよいと考えるようです。確かに、自宅そのものは直接的な収益は生みません。

賃貸住宅を選択すると、生活の変化に合わせて住み替えるなど、柔軟な対応ができます。一方、退職後に収入が少なくなっても、家賃をずっと払い続けなければいけません。

「**賃貸がよいのか、持ち家がよいのか**」という議論は昔からされますが、私自身は「持ち家のメリットのほうが大きい」と考えています。

その理由のひとつが将来のセーフティネットになり得るという点です。

最近では、「**老後破産**」という言葉もよく目にするようになっています。老後の生活において、衣食住のひとつを確保しておくことは、とても大きな意味があります。家賃を払い続ける生活は、老後になって収入が少なくなると大きな負担になります。もちろん、家賃の安いところに引っ越すこともできますが、高齢になると引越し自体が面倒です。さらに、**高齢者が独りで部屋を借りにくくなっています**。家賃滞納のリスクだけではなく、お部屋で孤独死されると、その後の賃貸経営に悪い影響が出るかもしれないことを懸念しています。

マイホームをセーフティネットにする三つの選択肢

マイホームがあると住む場所には困りません。しかし、私が「**マイホームはセーフティネットになる**」と感じているのは、そこではありません。マイホームに限らず不動産を保有していると、将来、金銭的に困る事態に陥ったときにお金をつくれるからです。

一つ目は、「売却する」選択肢です。マイホームはなくなりますが、お金は得られます。売りに出してすぐに売れるとは限りませんし、希望金額で売れるとも限りませんが、少なくとも少しはまとまった金額を手にできるでしょう。

二つ目は、不動産を担保にして「お金を借りる」選択肢です。ただし、これは「借金」になりますので返済しなければいけません。一時しのぎの手段であり、リスクは残ります。

三つ目は、「リバースモーゲージ」という、不動産を担保にしてお金を借りる選択肢です。「これもローンの一つだから、二つ目の『お金を借りる』と同じことではないか」と感じる人もいるかもしれませんが、事情が違います。

リバースモーゲージの最大の特徴は「返済不要」という点です。金融機関はお金を貸した本人が亡くなったときに該当物件を売却し、貸し付けた分を金融機関が回収します。生前は利息だけを負担します。この利息も毎月、本人の口座から引き落とす金融機関と、借入残高に繰り入れていく金融機関に分かれます。いずれにしても、必要なお金を用意できる手段として、選択肢に加えておいてよいでしょう。

セーフティネットの条件は「資産価値が下がらない物件」

ただ、これら三つの選択肢は、大前提として、保有不動産に価値があるということです。

売るなら、買いたい人がいなければ取引は成立しません。不動産を担保にお金を借りるとしても、金融機関は回収不能に陥ったときに「売却して回収できるか」という視点で見ています。買い手がいないエリアだと担保価値も低くなります。リバースモーゲージも最終的に金融機関が売却することを前提にしているのは同じです。

そう考えると、将来の金銭的なセーフティネットとしての視点も考慮するなら、資産性を考慮する必要性があります。資産性が高いということを「不動産評価額が高い物件」と捉えることもできますが、「**購入後も価値が下がらない物件**」と捉えることもできます。

「不動産評価額が高い」物件とは、周囲のエリアに比べても利便性や環境がよく、住みたいと思う人が多いエリアです。買いたいと思う人も多いので、売却や賃貸する際も条件よく取引できます。

一生住むのか、売却を予定しているのか？

もう一つ、「築年数が浅い中古物件」もこれに該当します。実際、中古物件を購入するメリットのひとつに「資産価値が下がらない」という点を挙げる人がいます。新築マンションや新築建売住宅には、販売するための広告費や営業マンの人件費、販売会社の利益が含まれているので割高という考え方です。この考え方は間違いではありませんが、新築には新築の良さもあるので、必ずしも新築の購入が損するとは私は考えていません。

それよりも、**一生涯住む気があるのか、売却を考えているのかを検討しておく**べきです。「10年後に売却する予定」と考えているなら10年後も価値が下がりにくいエリアを選ぶのは、悪い考えではありません。というのも、10年後に購入時と同じ金額で売却できれば、10年間、実質無料で家に住んでいたようなものだからです。

でも、基本的に売却意志はなく、「一生涯過ごす家」としての購入をお考えなら、矛盾するようですが、資産性だけに囚われずに、ご自身の適正な予算とのバランスを考えて検討する必要があると思います。

◉生活環境重視の選択肢

ここまで、「マイホームの資産性」について触れてきましたが、もう一方で、「生活環境重視」の選択もありえます。

生活環境といっても、人によって重視するポイントは違うでしょう。駅からの距離や買い物の利便性の視点から考える人もいるでしょう。この場合、「不動産評価額が高い」という意味の資産性も伴う物件になるかもしれません。

一方で、駅からの距離が多少あっても、自然豊かな環境を重視する人もいます。さらには、便利な都市よりも田舎を好む人も決して少なくありません。もし自然豊かな環境を重視するなら、不動産評価額が低くなる代わりに、同じ予算内で広い土地が購入可能になります。

結局のところ、そもそも「マイホームを購入して、どんな生活を送りたいと考えているのか？」「今後のライフプランをどう考えているのか？」が大切で、資産性があるかどうかの判断は人によって違うのです。

正直、仕事で都内に出かける必要がなければ、たとえ資産価値が高いといっても、東京23区内にわざわざ住みたいとは思わない人もいるでしょう。こう言っては元も子もない話ですが、やはり自分たちが一番しっくりする場所が一番ではないでしょうか？

04 「新築」希望の人が考えておくこと

マンションの管理費・修繕費

マイホームの選択肢はいろいろあるけれど、やはり新築にこだわりたいと考える場合、新築にもマンション、建売住宅、注文住宅と選択肢があります。

新築マンションにもタワーマンションから、割と小規模のものまで、建築地の事情や販売戦略を踏まえて企画されています。

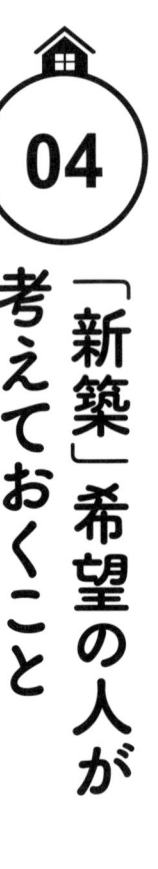

購入者の立場とすれば、マンションは最終の販売価格が初めから決まっていますので、契約後に大きく購入金額が膨れ上がるトラブルは少ないでしょう。

ただし、マンションには「管理費」と「修繕積立金」という費用がかかってきます。当初の設定金額よりも将来、上昇するかもしれないリスクも考慮したうえで、住宅ローンの返済額と合わせて支払い可能か確認をしましょう。

管理費と修繕積立金は住宅ローンを完済しても、マンションを所有している限り発生し続けます。我が家のマンションの例で恐縮ですが、購入後10年の間で修繕積立金は3度見直しがあり、増額されています。管理組合で将来の修繕費を試算して、20年先も不足が生じないように早めに対処したためですが、毎月の固定費です。さらにこの修繕積立金は住民が共用する共用部分を修繕するための積み立てであって、自分の部屋（専用部分）の修繕費・リフォーム代は別に備える必要があります。

一戸建て建売住宅・注文住宅の違い

では、一戸建ての場合、「マンションのような修繕費は無縁で安上がりか？」といえば、もちろんそんなことはありません。ただ、一戸建ての場合、近所に迷惑をかけず、自分が我慢できる程度のものは修繕しないという選択もありえます。

一戸建てを購入する場合、「建売住宅」と「注文住宅」に選択肢が分かれます。

建売住宅はマンションと同じで、販売価格があります。このため、自分の予算とのバランスがわかりやすいのがメリットです。間取りやデザインも万人受けしやすいオーソドックスなものが多くなる傾向があります。

マンションよりは一戸建てがよいけれど、間取りや設備には強いこだわりはない、現物を見ながら選びたいという人に向いています。

これが注文建築となると、構造から間取りや設備、壁のクロスの一枚に至るまで、こだわろうと思えばどこまでもこだわることができます。このため、注文住宅の場合、契約後に建築費が膨れ上がってしまう危険性もあります。逆にいうと、コストを下げようと思えば、思いきったコストダウンができる可能性もあります（6章でも触れます）。いずれにしても打合せが進まないとコストが確定しないという点は、一番予算管理がむずかしい選択肢といえるかもしれません。

「借地権付き住宅」のメリット、デメリット

新築の一戸建てを購入するのに総額を抑えられる購入方法に「定期借地権付きの土地を購入する」という選択肢があります。

定期借地権は最低50年間の借地期間を設定して土地を借りる方法です。特徴は借地期限が切れたら、契約更新は原則としてなく、建物を解体し、更地にして土地を返還しなければいけないという点です。地主からすると、昔からの借地権（旧法の借地権）だと一度、貸したらなかなか返ってこないというデメリットがあり、それを解消してくれる仕組みです。

定期借地権付きの場合、あくまでも「借地」ですが、借地する権利を購入することになります。この手法の最大のメリットは、**土地の購入資金を大幅に抑えることができる**点です。さらに私が知っている範囲では、同じエリアで販売される土地の面積の１・５倍から２倍弱の広さの土地を定期借地権として販売していました。

一方で、デメリットは何か。まず、住宅ローンの返済に上乗せして、毎月の地代の支払いが発生する点です。さらに、定期借地権の土地の販売をなかなか見つけることができないこと。「定期借地権付き住宅」はあまり一般的な方法ではないかもしれませんが、もし、検討するエリア内に「借地権付き住宅」の情報があったら一度、検討してみてもよい選択肢だと思います。

05 中古物件を購入する

◉注目の「リノベーション」の特徴は？

中古物件をマイホームの選択肢にする人が増えています。背景には住宅購入のメインである30歳代が堅実な発想をしているからともいわれます。かつての高度成長期のような大幅な給与アップが期待できるわけではなく、年金制度の将来も不安視されるなかで、住宅ローンという大きな借金を背負いたくないというわけです。

そういった発想に加えて、「古いものを上手に活用する」という志向もあるかもしれません。ここ数年、**リノベーション**という言葉をよく耳にするようになりました。似た言葉にリフォームがありますが、**リノベーションはリフォームより大規模なもの**とイメージしておくとよいかもしれません。リノベーションの場合、古い建物の間取りや設備をすべて解体し、自分好みにリフォームする（大規模リフォーム）ことを指しているケースが多いからです。

自分好みにつくるという意味では、一戸建ての注文建築と似ています。しかし、中古物件をリノベーションするメリットは、新築よりもコストが安く済む可能性が高い点です。もちろん、マンションも専有部分であればリノベーションできます。3DKの中古マンションを広い1LDKや大きなワンルームにしてしまって、家具で仕切りながら家族の成長に合わせて部屋の使い方を変えていく、という使い方もできます。

中古物件を買うメリットは、前にも触れたように「立地のよい場所に、割と予算的に手頃な金額で購入できる可能性が高い」ということです。もちろん同じエリアで土地から買って新築するとか、新築マンションの販売金額と比較してということですが、同じ予算でも新築なら駅から離れたエリアに行かないと購入できないものが、中古なら駅に近いエリアでも購入できるかもしれません。もし、とことんリノベーションにこだわってお金をかけようとするなら、物件価格が安いエリアの中古物件を買って、建物の工事にお金をかけるという選択も悪くないと思います。

◉中古物件のままで住むなら「インスペクション」を考えて

大規模なリノベーションをせず、購入した中古物件に住む場合、中古物件には新築にはないデメリットがあります。それは物件の構造上の瑕疵《かし》を完全に把握するのは限界があることです。瑕疵を把握するには**インスペクション**（建物診断）が有効ですが、建物診断とはいっても非破壊の目視検査ですので、目視できない部分は把握しきれません。

2018年4月より宅建業法が改正され、仲介業者に対して**中古物件取引の際にインスペクションについて説明を行なう義務**を課すようになりました。「義務」といっても、インスペクションをやっている物件かどうか、インスペクション業者を斡旋できるかどうかの説明義務にとどまり、インスペクションを売主へ義務化しているわけではありません。

売主がやらないなら、買主が費用負担して実施できればよいのですが、購入前に実施するには所有者である売主の承諾が必要になります。理想としては、売主自らがインスペクションを行ない、その結果を開示してくれることです。しかし売主の心境としてはインスペクションを行ない、万一、重大な瑕疵が見つかり、売買金額の値下げの材料にされることや購入を辞められても困ると考え、なかなか実施する売主は少ないようです。

06 「団地を買う」と、意外な魅力がたくさん

東京近郊でも数百万円で入手可能

「団地」と聞いてどんなイメージをお持ちでしょうか？　昭和に建てられた古臭いイメージでしょうか？　「そもそも、団地を購入できるの？」と思われるでしょうか？　実は私も初めはそう思っていました。

団地とは、現在のUR（Urban Renaissance Agency：都市再生機構）の前身の住宅公団などが政府の住宅政策に基づいて建築した共同住宅のことです。昭和40年代に建築されたものも多く、一般的に築年数が古いのは確かです。

団地が多数建築された当時の日本は、住宅不足が深刻でした。その問題を解消するために団地建築が進められました。当時の最新設備を採用し、団地に住むことは人々の憧れだっ

たのです。

団地にも、賃貸と分譲があります。賃貸はURが貸主として物件の管理を行なっています。分譲はマンションと同じように、部屋毎に所有者が存在しますので、中古マンションと同じように中古団地として売買されています。

この団地にここ数年、再び注目が集まっていることをご存知でしょうか? 賃貸に関してはURがリノベーションを行ない、若い人にも選んでもらえるような部屋づくりを行なっています。昭和の間取りから令和のお部屋に変身しています。そして、分譲に関してもマイホームの選択肢として物件を探している人が少なくありません。

建物は古いかもしれませんが、団地にはこんな魅力があります。

- 敷地にゆとりがあり、緑が多く、どの建物も日当たりがよいこと
- 敷地内に郵便局や銀行ATM、商店など生活に必要な施設があるケースが多いこと
- 管理費や修繕積立金が安いこと
- 購入金額が安いこと

一度、団地に足を運んでみるとわかりますが、全体にゆったりとした建物配置になっていて、敷地内には緑も多く、公園も点在しているため、ゆとりを感じます。もともと大規模に開発されたこともあり、敷地内に商業施設が配置されているケースもあります。駅から遠い団地も少なくありませんが、路線バスも整備され、本数も少なくないです。

団地の購入を考えたときに、**東京近郊でも数百万円代で購入できる**物件も少なくありません。お部屋の中は古くなっているので、リノベーションする前提としても購入金額との合計でも総額1000万円前後でマイホームを手にできます。

若い子育て世代も多い団地

住宅ローンを借りても、返済期間を長めに設定すれば毎月の返済額は3～4万円台で収めることができます。金利によってはもっと減らすことも可能です。

借りる金額が少ないなら、家計にも余裕が持てます。10年もかけずに住宅ローンを完済してしまうことも不可能ではありません。子供の教育費がピークを迎える前に住宅ローンを完済して終わりにすることもできます。

団地のお部屋の広さは50㎡台と、最近の分譲マンションと比べると狭めかもしれません。お子さんが2人以上いる場合、割り切った考え方も必要です。たとえば、子供部屋を必要としている期間は数年間と考えれば、むしろ夫婦二人での生活期間のほうが圧倒的に長いのです。そう考えると、あまり広い部屋も、部屋数もいらないかもしれません。以前、ハウスメーカーに勤めていたときに設計担当の先輩が面白いことを教えてくれました。

「収納があるから物が増える。収納を減らせば、物も少なくなる」と。

そんな発想でいくと、少し狭いかもしれない団地も、現在はやりのミニマリスト的な生活を目指せば都心に近い場所に住め、悪くない選択肢だと思います。

団地に興味を示す方の多くが団地の環境やその購入コストの安さに惹かれているようです。住民の年齢層を見ても若い世帯も少なくありません。敷地内の公園で子供たちが遊ぶ姿も目にします。子育ての環境としても悪くないのではないでしょうか。

07 自分好みにカスタマイズできる「賃貸住宅」が出てきた

好みのフローリング、内装に変更

マイホームが欲しい理由のひとつに、「賃貸住宅だと、自分の好きに内装を変更できないから」という人もいます。最近では簡単に剥がせる賃貸用の壁紙など、室内を簡単に改装できる素材も増えてきていますが、それでも退去する際には現状復旧しなければいけません。実は、その辺の事情が大きく変わりつつあります。

ある不動産会社の管理物件は、「あらかじめ届け出たもの（内装）については、自分の好きに変更してもよい」という契約内容になっています。そしてこの大家さんへ届け出たものについては退去時に現状復旧の必要もありません。

実際にこういった物件の入居者の方がご自身で手掛けた室内の写真も拝見したことがあ

ります。カフェかバーのような室内もあれば、壁に漆喰《しっくい》を塗り、床は自分好みのフローリングに敷きなおすなど、それぞれ入居者のセンスで変更しています。

賃貸＝所有しないマイホーム

いまではセルフＤＩＹなどご自身で自宅に手を加えたいと考える人が増えてきて、そういったＤＩＹを特集する雑誌なども多く目にするようになりました。

「賃貸物件　＝　借りものだからきれいに気を使って使わなければいけない」という概念ではなく、自分の家のように好きに変更できる「所有しないマイホーム」といった選択肢もあります。

マイホームを持ちたい理由を考えたときに「所有」に拘らないのならば、そして賃貸物件を好きに変更できるのであれば、そういったものもよいと思います。

このように、「マイホーム」というときの選択肢は決して一つではありません。あなたが実現したい生活に一番適した方法はどれなのでしょうか？

第6章

家を買う前に知っておきたい「契約まで」の話

01

一戸建てはコスト重視か、こだわり重視かで依頼先が変わる

一戸建て住宅をマイホームに選ぶ場合、検討の対象となる会社は星の数ほどあります。建売住宅なら、建売住宅をメインに企画販売する会社もありますし、注文建築を主力とする大手ハウスメーカーでも建売住宅を販売しています。

建売住宅の場合は、正直なことをいうと、どの会社が販売しているかよりも、販売価格と立地、ロケーションが決断に影響を与えていると思います。

「注文住宅」は一筋縄ではいかない

一方、注文建築の場合はその依頼先には頭を悩ませる人も多くなります。なぜなら、注文建築はこれから一つひとつをつくり上げていくものであり、想像のなかであなたが決断

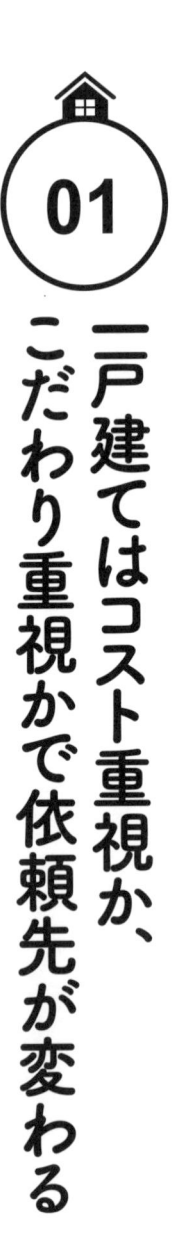

しなければいけない部分が多くあるからです。

- 自分たちの希望がどれくらい実現できるのか？
- イメージ通りに仕上がるのか？
- 建築費はどれくらいかかるのか？
- もし、工事途中で依頼先が破綻した場合、その後の工事はどうなるのだろうか？
- 手抜き工事はないだろうか？

自分たちがイメージしている家と同じものがどこかに建っていれば完成形の確認もできますが、注文建築の場合、似た家はあっても同じ家はまずありません。でき上がるまで、住み始めるまで姿も見られませんし、空間も実感できません。

大工さんからハウスメーカーへ

注文建築の場合、その依頼先としては次のような選択肢が考えられます。

●ハウスメーカー
●工務店
●建築会社
●設計事務所

かつての日本の家はほとんどが「注文住宅」で、いわゆる「大工さん」が建てるのが当たり前でした。現場で木材を加工し、建築をしていき、価格も明確な見積書があるわけではなく、大工さんの経験と勘のどんぶり勘定だったようです。工期も1年近くかかるのは当たり前だったともいわれます。

そんな業界にハウスメーカーが登場し、風穴をあけました。

明確な見積書、短い工期で施工し、大工さんの技量や経験の差で建物の品質にバラツキが出ないように「工業化した工法」で伸びてきました。かつてはプレハブ住宅と表現されたこともありますが、安く建てられるという位置づけでした。それが国の住宅政策に呼応するように建物の性能をアップさせ、いまでは世界一ハイスペックな住宅を提供していきます。

あなたは「こだわり派？　コスト重視派？」

そんな注文建築も、重視するポイントによって依頼先の選択肢は変わります。

注文建築の場合、細部に至るまでこだわりたい人もいれば、こだわりは強くはないけれどコスト重視で考えたい人と、大きく二つに分かれると思います。もちろん、「どちらに比重が寄っているのか」という視点での分け方です。

こだわり重視の場合、自分たちが内装や外観にモデルとしているデザインがあるとき、「似ている」レベルでは満足できず、徹底的に本物に近づけたいと考える方もいます。家を建てることに大きな夢を込めているケースで、どちらかというと女性に多い印象です。

また、こだわりのポイントが断熱性や耐震性といったスペックなら、技術的な裏付けや理屈まで納得できないと決められないという人もいます。技術系や研究職のお仕事をされているご主人に多い印象です。

他にもキッチンやお風呂などの設備のスペックにこだわりがある人もいます。標準仕様で提案されている設備では納得できず、設備メーカーのショールームなども徹底的に見学し、品番まで指定してくるタイプです。

一方で、「これとこれが付いていれば他は何でもよい」とあっさりしている人もいます。最低限のこだわりが満たされているならば、それ以上の打合せはしなくてよいと考えている節もあります。男性に多い印象です。

設計事務所、ハウスメーカーの選び方

もし、あなたが細かく**品番の指定やスペックにこだわるなら、設計事務所を家づくりのパートナーとして選ぶとよい**と思います。ハウスメーカーもスペックという意味では満足できるかもしれませんが、品番の指定など、設備やデザインのこだわりを実現するには制約が多いかもしれません。というのは、ハウスメーカーは工業化住宅ともいわれるように工法や仕様をある程度、一定にすることで工場生産の効率化やコストを下げる工夫をしているからです。

特に工法については各ハウスメーカー独自のものも多く、特定の産地の木材を使いたい、鉄骨の厚みを何ミリほしいなど、ディテールにこだわりがある場合は、さすがに対応がむずかしくなります。設備についても、住設メーカーの取り扱いのものであれば仕入れコス

トも抑えられますが、特注扱いのものについては割高になりがちです。

一方、コスト重視で一戸建てを考えるなら、建売住宅・工務店・ローコスト住宅といわれる低価格を売りにしたハウスメーカーなどが検討の対象になるでしょう。

こだわらなければ安価な「工務店」の選択肢

工務店の場合、その特色は各社それぞれです。最近は独自のコンセプトで多くの引き合いを得ている工務店もあります。このため、コスト的には大手のハウスメーカーと変わらない水準になる会社もあり、安いとはいえないケースもあります。

また、ローコストをウリにする工務店の場合であっても、仕様や性能が低いというわけではなく、工夫で下げている面もあります。たとえば、間取りの自由度を下げていくつかのプランの中から選んでもらい、打合せ回数を減らすなど、これらによってコストを削減していきます。ただ、間取りや仕様に細かくこだわりたい人の場合はこういった、工務店は向かないと思います。

設計事務所で「コストを抑えたマイホーム」も実現できる？

最近、私自身が関わったなかでコストを抑えたマイホームを実現する方法として設計事務所と計画を進めることも悪くないかもしれないと感じています。

設計事務所で家を建てるというと予算に余裕があって、こだわっているとイメージされますが、設計事務所で進めるメリットとして、まったくの白紙からデザインや仕様まで選べるという点があります。**「コストを徹底的に抑えた家づくりをしよう！」という方向性**が定まれば、割り切った設計もできます。施工業者も設計事務所とともに複数の会社から見積もりをもらってコストダウンを図ることも可能です。

私自身が直接関わった仕事ではありませんが、予算の関係で割り切った施工をした人がいます。子供部屋の間仕切りをなくし、内装の仕上げも下地の板が見える状態で終わりにしているそうです。石膏ボードもクロスもせず、木材が見えている状態です。その他の部屋についても工事費を抑えるために家族で作業できるところは進めたそうです。

施工業者によっては、そういった対応を嫌がる会社もありますが、設計事務所と進めることで、逆に、大胆なコストダウンも実現できるかもしれません。

02 設計士が知りたいのはあなたの価値観

「どんな生活をしたいのか？」を伝える

設計事務所で進めるなら当然、設計士との打合せがあります。工務店やハウスメーカーで計画する場合も設計士との打合せがあります。

設計士さんがあなたから知りたい情報はなんだと思いますか？

もちろん「部屋数がいくつ欲しい」とか「何帖の部屋が欲しい」といった表面的な情報も必要かもしれませんが、それは実はあまり重要な情報ではありません。

家はあなたをはじめ家族が過ごす空間です。

日々、どんな暮らしをしていて、どんな趣味や嗜好を持っていて、将来の夢は何で、今回のマイホームで実現したい暮らし方はどんな感じなのか。いわば、**あなたや家族の価値**

観を知りたいと設計士さんは思っているのです。むしろ、そこがわからないと、設計事務所としても提案しづらいと感じるはずです。

一見、家づくりと関係なさそうな質問が設計事務所の人からされても、「プライバシーの侵害だ」なんて思わずに素直に答え、あなたや家族のことを知ってもらったほうが良いと思います。ときにはマイホームについてご家族内で意見が分かれることもあります。それもごく自然なことです。家づくりをして、初めてお互いの価値観が理解できたというケースもあります。

また、予算を気にしすぎて、要望を最初からあきらめてしまう必要もありません。たしかに、本書でも第3章や第4章では家計からみた予算設定の大切さについて触れてはいますが、設計士との打合せ段階では一旦、予算のことは忘れてしまい、最初は希望や要望をすべて伝えてしまったほうが良いのです。

イメージに近い画像を見つけておく

設計士の仕事は「施主の希望」を形にしていくことです。でも、施主の要望をそのまま図面にするだけが仕事ではありません。要望と予算を踏まえつつ、より良い案を提案したり、代替案を考えたりしながら、希望を形にしていくことが役割です。

最終的にどうしても予算の関係であきらめざる得ないこともあるかもしれませんが、それは打合せを進めながら判断をしていけばよいことです。

設計士も、その判断やアドバイスをするためには、やはりあなたや家族の価値観を知っておきたいのです。でも価値観を伝えるというのは実はむずかしい話ですし、そもそも自分たちの価値観を改めて問われても良くわからないケースもあるでしょう。

そんなときに助けになるのが**「こんな空間が欲しい」「こんなインテリアが好きだ」というイメージ画像**を雑誌の切り抜きやインターネットで見つけて伝える方法です。視覚情報で共有できるのは良い方法です。また何気ない会話の中からも価値観や考え方は伝わることもあります。

ぜひ、設計士とはコミュニケーションをとって、良い提案を出してもらえるようにしましょう。

03 「重要事項説明書・売買契約書・請負契約書」は事前に入手すべし

土地、マンション、建売住宅を購入する場合、それぞれの「契約」に際して契約書を結びます。図1のようなタイミングでさまざまな書類の取り交わしが行なわれます。

このなかで不動産売買契約で発生する重要事項説明は宅建業法第35条に、「契約が成立するまでの間に、宅地建物取引士をして、（中略）書面を交付して説明をさせなければならない」（宅地建物取引業法　第35条）と定められています。この重要事項説明は、取引する不動産の権利関係や法令上の制限など不動産購入後の利用目的が果たせるかどうかなど、購入者にとって購入判断するために必要な情報が網羅されています。**重要事項説明書を見て、記載されている情報に自分の思い違いがないかどうかを確認**し、これまでのやり取りでは聞いておらず判断に影響を与える情報はないかなどを知る必要もあります。

事前に契約書に目を通し、不明点を確かめる

ところが、実務上では、この重要事項説明は売契約書の取り交わしの直前になってようやく説明されることが多くあります。「今日は契約だ！」と手付金を用意して、出向いた先で初めて書面を見せられ、説明を受けることがほとんどです。

宅建業法上は「契約が成立するまでの間……」となっています。つまり売買契約書を交わすまでに説明をすればよいことになっていますの

■図1　不動産取引の大まかな流れ

土地購入、中古物件購入、マンション購入の場合		
主な出来事	交わされる書類	備考
物件探し		
物件申込	買付証明書	
住宅ローン事前審査		
住宅ローン事前審査承認		
重要事項説明	重要事項説明書	
売買契約	売買契約書	
（工事）請負契約	請負契約書	工事が発生する場合
住宅ローン本申込		
住宅ローン審査承認		
住宅ローン金銭消費貸借契約		
住宅ローン実行		
物件引き渡し		

で、契約の直前に説明をすることは法律違反ではありません。しかし、冷静に顧客が判断するタイミングとして考えると、契約の直前は適当とは言えないと思います。

理想としては、重要事項説明だけの時間を1日設けてもらい、説明を受けた後、数日後に売買契約を交わすことです。しかし、現実には買主も売主も不動産会社にも負担を強いる面があるため、そういった対応をしてくれる不動産会社は少ないかもしれません。

そこで消費者の立場では、数日前には**事前に重要事項説明書を用意してもらい、説明を受ける前に自宅で予め目を通し、「予習」しておく**ことです。読んでもよくわからないと言われる方もいますが、それであれば**不明点を質問する**ように考えておくことです。

売買契約書、請負契約書などの契約文書も同様です。いったん署名をすれば、その契約を相応の理由なく白紙に戻すことは不可能です。署名前には約款も含めて説明してくれることがほとんどですが、むずかしい内容に対し、「営業マンも会社も信頼しているから、自分の悪いようにはなっていないだろう」と思考を停止させてはいけません。**契約は自己責任です**。

そう考えると、**契約書は事前に入手しておき、特に約款を中心に「予習」しておく**必要がある、という意味もおわかりでしょう。

おそらく日常生活でも何かの申込で約款や細かい説明は省略か書面だけ渡されておしまいというケースが多いと思います。でも、不動産や工事の契約については一通り目を通して書かれていることは知っておくべきです。そのうえで「こんなケースのときの扱いは？」など事例を挙げて質問して、自身も納得して契約を交わせるような準備が必要です。

口約束もメモにし、サインをもらっておく

また、契約前に営業マンと交わした約束や取り決めは、たとえ契約書にまでは盛り込めないとしても、「覚書」を交わすなどで書面化しておいたほうが無難です。

私が不動産取引をサポートするときには、事前に重要事項説明書・売買契約書を入手しておいてもらい、一緒に内容も確認しています。

工事の請負契約の場合は、まだ形がないものを契約するからこそ、特に注意が必要です。ハウスメーカーの中には計画内容がまだ決まりきっていない段階で、「契約後の打合せで変更にはいくらでも応じます。金額もこの金額でお約束します。ですから、今月のうちに

契約してください」と強引に契約を迫る会社もあります。

強引に迫られたときには、営業マンと約束した「契約後の変更にはいくらでも応じる。金額は○○○万円を約束する」旨の**口頭での内容を書面に残させること**です。契約前に強引に迫ってきたものに対して応じてあげるならば、相手のペースに乗ってあげる代わりに「こちらからも条件」を突きつけるくらいは、なにも遠慮する必要はありません。

書面を嫌がる場合には、計画内容が固まるまで待ってもらうか、どうしても契約をするならご自身のメモ程度でも書き残して営業マンに確認してもらい、営業マンのサインをもらっておく。そのくらいのことは最低限、しておくべきでしょう。相手はそれも嫌がるかもしれませんが、その場合は見てもらうだけでも営業マンへの牽制になります。

契約書に署名する以上、内容を読んでおく

以前、ご相談に来た人も良く似たパターンで契約をしていました。それは前にも触れたことですが、「いくらでも変更には応じるし、満足できなければ無条件でキャンセルに応じる」と営業マンにいわれ、大手のハウスメーカーと契約をした例がありました。案の定、

契約後に変更が重なり、営業マンに「ここまでの変更は想定していなかった」といわれて大幅な追加工事代金が発生し、キャンセルするかしないかという事態に追い込まれました。

営業マンの上司も交えた場で、担当営業マンが契約前に「変更後に気に入らなければ無条件でキャンセルに応じる」といっていたことを認め、最終的に契約金を全額返金してもらい、キャンセルができました。

契約書の約款ではお客様都合でのキャンセルは契約金の返金はできないことになっていました。トラブルになってから、初めて契約書をよく読んだという人もいます。この相談者もキャンセルを意識し始めて初めて約款をよく読んだといっていました。

本来、契約前によく読んで内容を理解し、発注者として負う義務や責任も理解して契約書に署名をするものです。

不動産取引に慣れている消費者は少ないのが現実です。業者の方が慣れていて当たり前ですし、営業マンや会社が信頼できることも大切です。

でも、**いざトラブルになったときには契約書の署名が良くも悪くも影響力を持つ**のです。契約の段階ではご自身が納得して、できる限り内容も理解して手続きを進めましょう。

04 工事が発生するものには必ず「見積書」をもらう

クレームが起きる範囲・原因

「住宅産業はクレーム産業」と揶揄《やゆ》されることがあります。

私はこの言葉を就職活動中に初めて知りました。正直、そんな業界に就職するのはちょっと怖いなと感じたことを覚えています。でも、ひとくちに「**クレーム**」といっても、内容はさまざまです。一例をあげると、

- 打合せとは異なるもの（製品、材料）がついている
- イメージと違う
- 契約前の説明と違う
- 職人の態度が悪い

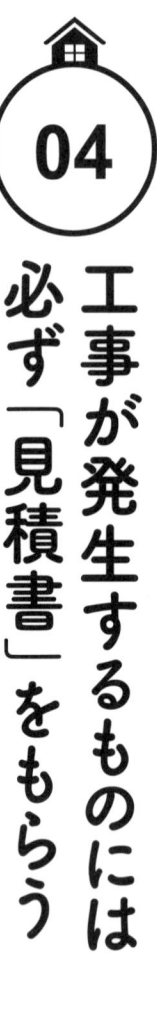

- 営業マンの対応が気に入らない
- 設計士の提案力が低い

このように、クレームの範囲は広く、その原因もさまざまです。

- 施主と建築会社とのコミュニケーション不足
- 建築会社内でのコミュニケーション不足
- そもそも施主の勘違い
- 担当者のスキル不足
- ケアレスミス

ケアレスミスの中には、営業マンがお客様の変更要望を設計士に伝え忘れていて、変更されていなかったというものがありました。また、コミュニケーション不足としては、建材、設備の仕様上、こういった仕上がりになるものという事前の説明が不足し、結果的にお客様の「イメージと違う！」と思われてしまうケースもありました。お客様が明らかに思い違いをしているケース（施主の勘違い）もありますが、これもコミュニケーション不足の一つと捉えることもできます。

水掛け論に陥らないためには「文書」を取る

「形がないもの」をつくり上げていく以上、このような行き違いは完全にはゼロにできないかもしれません。しかしハウスメーカーや工務店も対策をしていないわけではなく、打合せの記録を残すなど、もちろん、トラブルを未然に防ぐ努力をしています。それでも行き違いは発生します。不思議と記録が残っていない部分で発生したりするものです。

最近では、LineなどのSNSを活用してお客様とやり取りする営業マンも少なくありません。お客様も忙しくて電話をもらっても対応できないなどSNSを利用したほうがお互いに都合が良いということもあります。

しかし、お互いに気を付けないと「送った」つもり、「返信した」つもりでも、必要な情報が伝わっていないことも起こり得ます。

建築はほんの些細な行き違いがまったく違う形に仕上がってしまう可能性があります。

新築でもリフォームでも、工事が発生するということは工事代金が発生します。当然なががら契約前や着工前には見積書は必ず確認すると思いますが、着工後に変更が生じたものについても必ず見積書をもらいましょう。

「何を当たり前のことを」と思うかもしれませんが、現場とすれば変更はできれば発生してほしくないものです。どうしても発生する場合にも工期を遅らせたくない事情もあり、書面を取り交わすことは面倒で、口頭で変更を受けてしまうこともあるかもしれません。

すると、金額の確認が後回しになり、あとから予想以上の追加工事の金額を請求されるというトラブルにもなりかねません。「変更をお願いしたのは事実だが、そんなに高いなら変更しなかった……」というケースもあるでしょう。口頭だけのやり取りだと、違う素材のものが設置された場合、「言った、言わない」の水掛け論に陥りがちです。

口頭でのやり取りが普通になってしまうと、「変更可能かどうか？」を確認しただけのつもりが、「変更を依頼された！」と勘違いされるリスクもあります。どんなに担当者や会社を信頼していても、マイホームでは金額も大きくなるし、ずっと住み続けることを考えると、見積書をもらう、変更するなら注文書など書面を交わす、それによって**「確認する」ことこそがトラブル回避の基本**なのです。

05 口約束も必ず書面に残す

ノートに記録する

民法上、契約は口約束でも成立します。

見積書をもらうことや受注書を交わすことにも通じますが、マイホーム購入にあたっては物件がマンションや建売であれ、注文建築であれ、さまざまな決断の連続です。

特に注文建築は形をつくり上げるところから取り組むので、必要な決断の数は増えます。

メールやSNSでのやり取りは履歴が残るので記録としても活用できますが、電話でのやり取り、商談でのやり取りは一字一句を記録することは不可能です。それでもポイントとなる事柄や、「次までに○○を調べておきます」という営業マンへの宿題、あなたの質問への回答も要点はノートなどに記録しておいたほうがよいでしょう。

営業職の人には経験があると思いますが、営業現場ではお客様との商談の記録をなんらかの形で残しているものです。営業マンの立場では、それが次への提案材料になるものでもありますが、あとになって「あのときにこういわれた」という勘違いを防ぐためにも、記録を取っておくと便利です。

営業マンがそうしているなら、あなたもやったほうがよいわけです。

「担当営業マンは誠実な人柄に見えるから……」と本気で思ってはいけません。自分たちの防衛のためにも、自助努力として記録を残すことをお勧めいたします。

決断するための情報を営業マンから受け取る

実は、これは自分たち自身の思い違いを防ぐ意味も持っています。マイホームの購入ともなると、初めての経験という人が圧倒的に多くなります。わからないことだらけのため、どうしても「営業マン任せ」となりがちなのもわかります。でも、わからないなりにも理解する努力は必要です。決断の一つひとつに対して、営業マンのアドバイスを参考にしつつ、自分で決断してほしいと思います。

決断するために比較対象が必要なら求めればよいですし、その選択肢を選ぶことでのメリットだけでなく、デメリットのほうも尋ねるなど、うまく営業マンを活用しましょう。自分で決断するために営業マンに情報を求めることは、営業マンに対して良い緊張感も与えられるからです。

多少なりとも営業マンは契約後にはまた次の新しい契約を追わなければいけないという立場上、お客様対応の優先度が変わってしまいます。もちろん「釣った魚にエサはやらない」みたいに、契約後に180度対応が変わってしまうのは論外ですが、あなたと別のお客さんの両方から、同時に「連絡が欲しい」という伝言が入れば、契約前（見込み客）のお客様を優先させるかもしれません。

でも、契約後だから放っておいてよいというわけではありません。**営業マンにとって契約は「ゴール」ですが、あなたにとってはマイホーム購入への「スタート」**です。この立場の違いも理解しつつ、営業マンを油断させないことも重要です。

そのためのひとつの方法が、繰り返しになりますが「書面に残しておく」ことです。いい加減なことをいうと、後でしっぺ返しを食らうかもしれないという牽制にもなります。

前述（190ページ）した大手のハウスメーカーを解約した相談者も、契約前の「契約後の打合せで満足できないときは、解約も無条件で応じます」という営業マンの言葉を、本人の目の前でメモに残していました。解約に応じてもらうまでは少し時間がかかりましたが、結局はその後の解約に大きな影響力をもったようです。

全幅の信頼から「緊張感」が不足し、信頼関係も崩れる

この章の話とは少しズレますが、緊張感が下がってしまって大きなクレームになってしまった例をご紹介します。

非常に優秀な先輩営業マンの事例です。その先輩は営業成績も優秀で、いつも表彰されるような人でした。お客様からも信頼も厚く、他のお客様をご紹介されることも多い人でした。

ところが、あるお客様のときにミスをしてしまいます。このお客様は「〇〇さんが、そちらがお勧めだというならそれでいきましょう」というほど、この先輩営業マンに全幅の信頼を置いていたようです。

工事も終盤に差し掛かり、そろそろ住宅ローンや登記申請など、必要な手続きをお客様

へご案内して進めるタイミングでした。

ところがなんと、この必要な手続きの案内を忘れてしまっていたのです。先輩営業マンが気づいたときには、住宅ローンの実行が引渡しには間に合わないタイミングでした。引渡し日についてはお客様の強い希望もあり、あらかじめ指定されていました。そのため、その引渡し日から逆算して間に合うように進めてきたはずでした。

当時、先輩には神経質で対応に気を遣うお客様が他にいて、その対応に追われて、うっかり手続きを忘れていたようです。会社としては工事代金の入金がなければ、当然、引渡しをするわけにもいきません。お客様は怒ります。それはそうです。お客様の希望で引渡し日を指定して、「そこに間に合わせます」と約束をしていたのに、いまさら無理だといわれたわけですから。それまでの信頼関係も一気に崩れ落ちるほどの出来事です。

「たかが、引渡し日一つくらい」と思うかもしれませんが、お客様にとってはそこに重要な意味があったからこそのクレームです。

営業マンに限らず、関わってくれる人に対し、常に緊張感を持ってもらうことこそがトラブル回避につながるのだと思います。

06 不動産取引も建築も、最後は「人対人」

不動産業は「人の手」を介して成り立っている仕事

不動産業界や住宅業界は世の中のＩＴ化の流れに乗り遅れているといわれます。というのも、不動産業者同士のやり取りには、いまだにＦＡＸが活躍していますし、物件チラシや折り込み広告も一時期よりは少ないものの、活用されています。

生命保険や自動車保険はインターネットで契約まで完結できますが、不動産取引や建築工事の契約は人が介在し、書面での確認が必須です。もちろん宅建業法や建築基準法など、関連する法律に基づいた手続きが必要とされる面もありますが、別の言い方をすると、**「インターネットだけで完結しきれないむずかしさが不動産や建築にはある」**ということだと思います。

前にも書いていますが、不動産の場合、二つと同じものがありません。現地に行かないとわからないこともたくさんあります。将来的にはドローンとＡＩが融合して、物件の様子を客観的に評価して数値化するようなこともできるのかもしれませんが、それでも人が現地で感覚的に感じることも不動産の場合は重要なのは変わらないと思います。

不動産取引も建築も「人の手を介在しなければ完結できない」とすれば、やはり担当者とあなたの相性がマイホーム購入の成否を分ける可能性は否定できません。

一般の方の住宅購入ブログを拝見していると、数件の売り物件を見に行くだけのはずが、見学後に不動産会社の事務所で「契約するまで帰らせない」雰囲気で営業をしてくる会社も存在しているようです。そこには不動産業の旧態依然とした姿があります。お客様に決して良い印象も与えなければ、「二度と連絡するものか」と思わせるような営業スタイルになっていることにも気づいていないようです。

正直、こんなスタイルの会社だと感じたら、関わらないほうがよいでしょう。そんなところは顧客目線の欠片《かけら》も持ち合わせていない業者だからです。

住宅メーカーも高度に自動化された工場で建材を高い精度でつくり出し現場に送り出しています。でも、最終的に現場で作業をするのは人です。昔ほど大工や職人の技量に仕上がりが左右されないようになっているとはいっても、やはり「人」が最後は関わらないと完結しません。

相性も大事

どんなに不動産業界や住宅業界のＩＴ化が進み、ＡＩの助けを借りるようになったとしても、あなたの家族の人生を大きく左右するかもしれない大きな買い物のパートナーは「人」に間違いありません。ただ人と人の付き合いなので、「相性」だけはついて回ります。

逆にいうと、どんなに優秀な営業マンであっても、相性の悪いお客様とはしっくりいかないまま進んでしまうことがあります。以前、目の当たりにしたケースでは、営業マンも一生懸命対応しているのに、どうもお客様との間が悪く、連絡がスムーズに取れない。決して間違った対応をしているわけではないのに、お客様にはなぜか「気に障《さわ》る」というケースがありました。

このときはお客様から「担当を変えて欲しい」との申し出もあり、担当が変わりましたが、変更後はまったく苦情もなく、むしろ新しい担当にはこのお客様から知人を紹介してもらえるまで信頼関係を築くことができました。

どんなに便利なツールが導入されても、それを活用してお客様の計画を進めていくのは「人」です。営業マンや設計士とあなたとの相性が悪ければ、意図を汲んでもらうことにも労力が必要以上にかかり、便利なツールも有効に活用されることもありません。最終的に希望通りの物が手に入ったとしても、そこに至るまでの打合せには大きなストレスを抱えていたのなら、後味の悪いものになるでしょう。打合せがスムーズにいかないのに、結果だけ希望通りになるというほうが不思議です。

若い営業マンでは心配という人もいます。設計士が優秀なら営業マンは誰でもよいと考える人もいます。一見するともっともな印象も受けますが、実際は違います。

若い営業マンにはベテランの上司がフォローについていたりします。設計士が優秀な方がよいかもしれませんが、相性も感性も合わなければ提案される内容にもなかなか共感できないかもしれません。営業マンは社内の調整役でもあります。誰でもよいわけではなく、あなたの意図を汲んで対応してくれる行動力と誠実さが必要です。そこにはやはり「人対人」のやり取りが発生します。ＩＴが進む世の中ですが、マイホームの購入こそ相性も大切にしたほうがよいと思います。

第7章

もし住宅ローンの返済が苦しくなったら

01 悠々自適から老後破産へ急展開

定年後、至れり尽くせりの社内制度を利用すれば……

悠々自適の老後を送れるはずだった人が、会社の思わぬ制度変更で老後破綻の縁に立たされることもあります。その事例を一つ、見ておきましょう。

相談者は60歳で、若いころに購入した建売住宅の住宅ローンはすでに完済していました。しかし5年前の55歳のとき、将来の老後生活を考え、現在の駅から遠い住宅を売却し、都内に近い便利な新築マンションを購入。住宅ローンは完済済みだったため、家の売却資金をそっくり頭金に回しました。

ただし、売却資金だけでは足りなかったので、住宅ローンを80歳完済予定の25年返済で4000万円近く借りました。55歳から借りる金額としてはとても多い金額です。

ただし、55歳で住宅ローンを借りることには、相談者なりの勝算がありました。というのは、勤め先の再雇用制度には二つの選択肢があり、一つはそれまでよりも少ないけれど安定した給与で再雇用される方法。もう一つは再雇用ではなく、会社と業務委託契約を結び獲得契約金額の一定割合を報酬として得るという方法です。

相談者は建築資材の専門商社にお勤めでした。東日本大震災の復興関連の建築需要に始まり、２０２０年のオリンピック関連等々、建築資材の需要はまだまだ見込める環境と判断し、業務委託契約を選択するつもりでした。自分の成績なら毎月１５０万〜２００万円の報酬を見込める計算を考えていたようです。

業務委託契約とはいっても、営業活動に必要な交通費などの経費は会社負担でした。さらに本人が望めば65歳を過ぎても業務委託契約のまま働くこともできます。営業に自信があった相談者にとって非常にメリットの大きな社内制度でした。

突然の制度廃止、いきなり老後破産の道へ

55歳で住宅ローンを借りる際にはすでにお子さんも独立していました。また、60歳で退

職金も支払われます。厚生年金制度もあります。もちろん貯蓄もありましたので、老後の生活費には微塵の不安もありません。むしろ業務委託契約になれば、住宅ローンも毎月100万円、年間で1200万円の繰上げ返済をすることも可能だと考えていました。

ところが、退職時期が近くなった頃に社内制度の変更が発表されます。業務委託契約自体は残りますが、大幅に報酬体系が変わってしまいました。受注金額に関係なく、一律の報酬額を支給する内容となったのです。しかも新制度の対象は相談者の年次から適用となり、すでに退職している先輩たちは従来通りの報酬体系です。それでも成績を上げれば、再雇用されるよりは報酬が良くなる制度ではありましたが、大きく予定が狂うことになり、とても毎月繰上げ返済をすることなどできない状況でした。本当に80歳まで支払い続けなければいけない状況になり、相談に来られたわけです。

悠々自適な老後を送れたはずの人でさえ、ひとつ歯車が狂うと老後破産へまっしぐらとなります。この相談者のように定年退職が近くなって住宅ローンを借りたわけではなくても、若いころに借りた住宅ローンの返済が残ったまま退職を迎える場合には、老後破産と背中合わせになっているのです。

02 自宅を手放さず、資金繰りに活用する方法がある！

返済の歯車が一つ狂ってしまうと、自宅を手放すことにもなりかねません。しかし、**自宅を活用し、手放さずに資金繰りを改善させる手段**がいくつか考えられるのです。

前にも、「自宅は住宅ローンを借りても収益を生まず、税金や維持費がかかるので負債だ」と考える人がいることを説明しました。同じ借金をするぐらいなら、収益を生むものを手に入れたいと考えるわけです。その考えを拝借して、返済が苦しくなったら自宅に収益を生ませることを検討してはどうでしょうか。

住んでいる家を貸す——住宅ローンの返済中はダメ

最初に思いつくのは、現在住んでいる家をそのまま誰かに貸し出す方法です。この場合、自分たちは他の場所へ引っ越さなければならず、賃貸住宅を借りることになるかもしれません。少なくとも、住宅ローンの返済は賃料で賄い、より少ない家賃の家を借りられないとメリットはありません。

この方法には、気をつけなければいけない点があります。通常、住宅ローンを借りた場合、転勤などやむを得ない理由なく、他の人に貸し出すことを銀行は認めていません。「黙っていればわからないだろう」と考える人もいますが、万一、銀行に知られたときには残高の一括返済を求められるリスクもあります。その意味で、単純に「貸す」方法はあまりよい手段とはいえません。

マイホーム借上げ制度――安定収入を得られるメリット

もう少し正当な方法で貸し出そうとすると、「移住・住みかえ支援機構」が実施している「マイホーム借上げ制度」が候補になりえます。この制度、基本は50歳以上の人が対象です（例外あり）。すでに子育てが終わり、広い家も必要なくなり、もう少しコンパクトな家に住み替えたいと感じている50歳以上の人から支援機構が家を借り上げ、いままさに子育て中で広い空間を必要としている若い世代に転貸借する制度です。

空き家が問題になっている昨今、必要な人に有効活用してもらおうという素晴らしい制度だと思います。

支援機構が持ち主から直接借り上げますので、実際に入居者が入ったかどうかには関係なく、家賃が支払われます。ただし、この場合の家賃は相場よりも安めに設定されます。契約関係は所有者と支援機構の間で賃貸借契約が結ばれます。実際に入居される人は支援機構と賃貸借契約を結ぶことになります。持ち主にとっては安定した収入を得る手段にもなります。

「原則的に50歳以上の人が対象」といいましたが、50歳未満でも特例が設けられています。その一つが「再起支援特例」で、**急激な減収などで住宅ローンの返済が厳しくなった人のための特例制度**です。

この特例を利用するためには、支援機構の提携金融機関へ住宅ローンの借換えをして、賃料収入で住宅ローンの返済をしていくという仕組みになっています。もちろん自分で返済していけるようになれば、入居者との契約更新のタイミングを待って、再び自分で住むことができます。

住宅ローンの返済に行き詰まりそうなら、一考するだけの価値があります。

ここまでは「貸す」視点で触れましたが、活用するという意味では次のような方法もあります。

リバースモーゲージ——使途が限定されないメリット

前にも少し説明した「リバースモーゲージ」です。一時期、影を潜めていましたが、ここ数年再び目にすることが増えてきました。簡単にいうと、自宅を担保にお金を借り、返済をしなくてもよい方法です。

自宅を担保にお金を借りるという意味では、住宅ローンや他の不動産担保ローンと変わりがありません。ただし、リバースモーゲージは「返済をしなくてもよい」という点がポイントです。

「返済をしなくてもよい」というと、誤解が生じるかもしれません。正確にいうと、借りた本人が亡くなったときに、担保になっている自宅を銀行が売却し、融資した資金を回収するという制度で、いわば「死ぬまでは返済を猶予しておきます」というほうがよいかもしれません。

つまり、生きている間は返済をしなくてもよいのですが、あくまでも借り入れですので、利息は発生します。返済は利息だけを毎月、口座から引き落とされるケースと、利息分も毎月の新規の借り入れとして融資元本に足していくケースというように、銀行によって少し対応が分かれます。

便利なのは「使途を問われない」こと

自宅の不動産担保評価額のうち、金融機関が設定した借入限度額までなら使途が限定されない融資が受けられます。

実は、**リバースモーゲージでは「借入金の使途が限定されない」という点が重要**です。

通常、金融機関の融資では資金使途が問われます。要は「何に使いますか？」です。

自動車ローンであればクルマの購入ですし、リフォームローンはリフォームに使います。

住宅ローンはマイホームの購入に使います。住宅ローンでクルマを買うことはできません。

でも、このリバースモーゲージは「資金使途が自由」です。金融機関のパンフレットなどでは「老後のゆとり資金」とか「介護施設への入居一時金」など老後に発生するまとまった支出に充てることを想定していますが、何に使うかはあなたの自由です。「老後の生活費の補填」にも使えます。

もし住宅ローンの返済が残っているなら、リバースモーゲージに借り換えて返済することも可能です。当然、担保評価をベースに金融機関が設定した借入可能額内という制限はあります。

定年退職を迎え、収入が少なくなり、住宅ローンの返済が残っている場合、預金残高はかなり心細くなっていると思います。リバースモーゲージで借り換えれば、返済のプレッシャーから解放され、老後の家計からローンの返済という支出をなくすことも可能です。

ただし、リバースモーゲージは担保評価が重要なことと、最終的には自宅を処分される前提の仕組みです。子供に資産として残してあげようと考えて購入し、頑張って守ってきたとしたら、その想いを放棄することになります。子供の立場からすると相続予定の財産がなくなるので、予め同意が必要になるという意味では、ご本人の意志だけでは決められないハードルは残ります。

03 返済が苦しくなったら、銀行と前向きに話し合いを

ローン返済中の3分の2の世帯は「厳しい」

住宅ローンの返済が苦しくなったとき、他人に貸すこともできないし、リバースモーゲージを使える年齢でもないと、講じられる策が狭まります。それが一時的な収入ダウンであれば心配も少ないでしょうが、もし改善の見込みがなければ、カードローンなど高金利のローンで穴埋めをしながら返済をしていくことになり、まさに破綻への道をまっしぐらとなります。

国土交通省が実施した平成28年度（２０１６年度）の住宅市場動向調査に、次のような興味深いデータがあります。

戸建て住宅を購入して住宅ローンを返済中の67・5％、分譲マンションを購入して返済

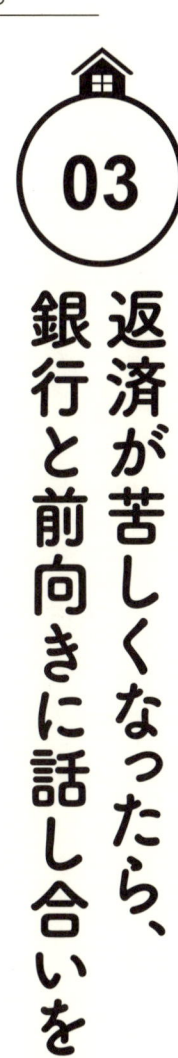

中の65・7％の人々が「住宅ローン返済に負担感を持っている」というものです。つまり、3世帯に2世帯は住宅ローンの返済に苦心しているわけです。

そんなとき、借り換えをすることで負担を軽減するという選択肢もあります。しかし、借換えの審査が通らない状況に陥っているケースで、さらに返済の継続が厳しくなりそうなときは、どうするか？

銀行に行って、正直に伝えよう！

私であれば、銀行に正直に相談することをお勧めします。銀行も返済不能に陥って、最終的に回収不能になるよりかは、多少でも条件をゆるめ、返済を継続してもらうほうがずっと助かるからです。

ただし、この相談は早い段階で行なうべきでしょう。銀行も相談をもらってから、すぐに担当者が対応策を提案できるわけではありません。状況を正しく把握し、稟議《りんぎ》を回していく必要も生じます。明日にも自己破産する、という状況下であれば、対応できることも限られてしまいます。

銀行に「返済が苦しい」と告げること自体に抵抗があると思いますが、そこは勇気をもって相談していただくことをお勧めします。

銀行に相談した結果、提案される可能性のある対応は「リスケジュール（リスケ）」です。繰上げ返済は返済期間を短くする手段ですが、リスケジュールはその反対です。リスケジュールには、主に二つの方法があります。

● 一時的に元本の返済を止め、利息のみの支払いにする（一時的な返済猶予）
● 返済期間そのものを延長する

将来の信用度の低下より、「いま」を乗り切ること

メリットは一時的に返済額がラクになり、毎月のキャッシュフローが改善されることです。そのため、ラクになっている間に状況を改善し、再び返済を開始できるようにします。

もしリストラされ、失業をしたから返済が苦しいというのであれば、一時的に返済そのものを猶予してもらえれば、その間に転職活動を行なって家計を立て直す時間的な猶予が持

てます。

一方、デメリットは金利優遇されていた場合、その優遇がなくなる可能性があることです。その結果、リスケジュールの後、返済額は以前よりも増えてしまう危険性があります。また条件変更をしたということで、約定（契約）通りの返済ができていない事実が生じます。他の金融機関も含め、新たな借り入れをする場合に否決される可能性が高まります。ローンを踏み倒したわけではありませんが、最初に決められた条件通りに返済ができないので、あなたの信用度が下がってしまうというわけです。

でも、このデメリットは将来的な話であり、**「いま、最も優先度が高いのは家計を立て直す」こと**です。現在の家計を立て直すためには、一時的に信用が下がってしまっても致し方ないかもしれません。

くどいようですが、銀行に「返済が苦しい」と相談することを躊躇《ちゅうちょ》し、高金利のカードローンなどで穴埋めすることだけは絶対に避けてください。

04 それでも返済が苦しいときの最後の選択肢

「リースバック」――そのまま住み続けられる方法

これまで述べてきたような方法を使っても、マイホームを守りながら返済を継続するのはむずかしいと判断した場合、マイホームを手放す選択肢も検討せざるを得ません。

しかし、住む場所は必要です。**マイホームに住みながら住宅ローンを精算できるかもしれない最後の方法**があります。それはリースバックです。

これは自宅を売却し、その売却資金で住宅ローンをいったん完済します。次に、家賃を払ってそのまま家に住み続ける方法です。これを**リースバック**と呼んでいます。

そのまま住み続けることを前提にした話ですので、売却先は不動産投資家など、その家に住む必要のない人になります。マイホームを探している人に売却すれば、当然ながら退去しなければいけません。

リースバックについてはいったん不動産会社が買い取り、投資物件として販売するケースもあれば、不動産仲介会社に間に入ってもらい投資家へ売却するケースもあります。

この方法のメリットは、引越しせずにそのまま住み続けることが可能なことです。生活環境は変わりません。また、投資家への販売になりますので、近所の人々に「売りに出した！」と知られる心配は少なくなります。

売却代金を利用して住宅ローンは完済する仕組みなので、借金はなくなります。ただリースバックの場合、家賃を払う必要が生じますから、キャッシュフローの改善にはあまり繋がらないかもしれません。ただ、借金が清算されるという気楽さは得られます。

リースバックを購入する投資家の立場から考えると、投資利回りが気になります。決してボランティアで物件を購入するのではなく、ビジネスとして購入するので投資した金額（購入金額）に対して得られる家賃がどのくらいになるかは気になるところです。場合によってはこれまでの住宅ローン返済額よりも家賃が高くなる可能性も否めません。

リースバックを検討する場合、扱いになれた不動産会社へ相談し、売却金額と売却後の家賃がどんな水準になるのか、しっかり打合せをする必要があります。条件が合わなければば売却活動も始められません。

「任意売却」――銀行版のリースバック

普通に売却することも、**任意売却**という方法も、「家を手放す」ことには違いありませんが、両者の違いは**住宅ローンの残債が残るかどうか**です。

マイホームを売却する場合、売却金額が住宅ローンの残債よりも少なければ、住宅ローンを完済できないので不足分は自己資金を使って完済することになります。でもこの不足する自己資金を用意できなければ、売るに売れません。

このように、返済もできず、家を売るに売れない状態のときに、**住宅ローンを借りている金融機関とも調整しながら売却する方法が「任意売却」**です。

ポイントは担保にしているマイホームを売却しても残る住宅ローンの残債を金融機関とも調整して、返済可能な条件で返済するというものです。

たとえば、残債が1800万円ある人が、マイホームを任意売却で売る場合、市場価格でも1500万円でしか売れそうにないとしたら、売却に伴う諸費用100万円を差し引いて残った売却代金で返済をします。それでも残債が400万円残ります。この400万円はすぐに完済できませんが、たとえば「返済可能な毎月2万円の返済で金融機関と折り合いをつける」という方法が任意売却の仕組みです。

リースバックは不動産投資家との調整が必要でしたが、**「任意売却」は銀行との調整が重要**になります。銀行が応じてくれなければ話になりません。任意売却は単に物件を売却できればよいわけではありません。銀行との調整も含めて話がまとめられるように、やはり慣れた不動産業者に相談することが重要です。

〈例〉

住宅ローン残債額　1800万円
売却査定額　1500万円
売却に伴う諸費用　100万円（仲介手数料、抵当権抹消登記費用、引越し費用など）
1500万円－100万円＝1400万円（売却金額の残り＝返済可能金額）
1800万円（残債額）－1400万円＝400万円（売却後の残債額）

400万円　↓　毎月2万円で返済していくことを金融機関が了承すれば、任意売却可能

金融機関とすれば、この後で触れる「競売」よりも一般に多くの金額が回収でき、取引も早く進むので応じるメリットもあります。返済しきれない残債については無担保状態にはなりますが、金額も少なくなるのでリスクも小さくなります。

当然、デメリットもあります。考えうるデメリットは、

●信用に傷がつく（クレジットカードなど）
●残債は減るだけで、消えるわけではない（残る）

「信用に傷がつく」とは、ブラックリスト入りするということです。当面、新たなクレジットカードはつくれないし、すでに持っているカードが使えなくなることもあります。

残債が残ることは前述したとおりです。マイホームを手放してもローンがすべて清算されるわけではないので、借金から解放されるわけではありません。完済まで頑張らなくてはいけないのです。

「競売」――できれば任意売却の道を最後まで探る

正直なところ、**「競売」にまで至ると最終段階**です。

競売とは、住宅ローンを滞納し、保証会社により**代位弁済**され（保証会社があなたに代わって銀行等に返済すること）、裁判所から担保処分の強制執行をされることをいいます。入札で金額が決められ、有無もいわさず、家は処分されます。

ただ**「競売開始決定」されてから実際に処分されるまでには数か月かかり、その間は任意売却のチャンス**が残っています。できるなら、銀行と調整して任意売却に持っていきたいところです。

任意売却は不動産市場で取引されますが、競売は入札者の見立てで金額が入札されて売却されます。一般消費者の目には触れずに相場よりも少ない金額で売却される傾向があります。落札されると、すぐに明け渡さなければいけません。それこそ「追い出される」ように家を出ていくことになります。任意売却なら明け渡しの期日も購入者と相談する余地も残っています。

競売は住宅ローンを延滞してすぐに行なわれるわけではありません。半年ほど延滞すると、銀行は債権を保証会社への代位弁済の手続きを始めます。延滞中は、銀行から何度となく督促状が出されます。

代位弁済手続きが取られると、保証会社は銀行に対して回収できなくなっている残高を肩代わりします。

そしてこの後に保証会社と債務者との間で、場合によっては肩代わりした分の返済をどうするのか話し合いのチャンスも設けられるかもしれません。もしくは裁判所に対して競売の申し立てがされて手続きが始まります。

裁判所への申し立て後も、実際には入札が始まるまでは3か月から半年間かかり、その間に裁判所の執行官が現地を確認するなど競売を行なうための準備が進みます。実際に延滞を始めてから競売で入札されるまで1年近くかかる計算です。

この間、少なくとも家には住んでいられますが、何とも落ち着かない日々を過ごすことになりそうです。

05 最後の最後が「個人再生」と「自己破産」

個人再生（住宅資金特別条項付き）

「個人再生」（住宅資金特別条項付き）という言葉を耳にしたことがあるでしょうか？「自己破産」と並べて取り上げられることが多いかもしれません。

「個人再生」とは、住宅ローン以外の債務（カードローンなど）を最大で5分の1に圧縮し、家計を改善させる仕組みです。

個人再生と表現するくらいなので「再生」を目指すための「再生計画」をつくり、裁判所を通じて債務の減額を目指すものです。そもそも「再生計画」が裁判所に認められないといけません。そして「再生計画」をつくる際、住宅ローンはこのまま返済を続ける代わりに競売の対象にされないようにします。

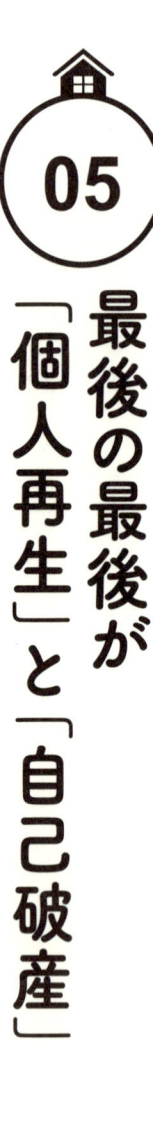

そもそも家を手放したいと考えるなら、売却を早い段階で検討していると思います。この制度はあくまでも**「マイホームは守りたいという想いを実現する制度」**です。この個人再生の制度の利用にあたっては、自宅不動産に住宅ローン以外の担保権（抵当権）が設定されていると、住宅資金特別条項はつけられないなどの要件があります。裁判所への手続きが発生することもありますので、検討の際には弁護士へ相談してみることをお勧めします。

自己破産――官報に名前が出されてしまう

「自己破産」は、まさに完全にお手上げという状態のときに使う方法です。自宅は競売で処分されますが、マイホームの残債は免除されます（その他の借金も含めて）。**苦しい状況を一度、リセットしてくれるシステム**です。

しかし、金融機関などから見れば「お金を踏み倒された！」ということです。当然、自己破産後は新たに借入れをしたいと銀行に申し出ても、しばらくは借りられません。

また、個人再生も、自己破産も官報に掲載され、公に自分の名前が出ます。秘密裏に済ますことはできません。官報の情報は金融機関もストックしていますので、将来、新たに借入れを起こそうとしても官報の情報がネックになることも否めません。

自己破産はそれくらい大きな出来事です。それを行なうことで失う金融機関などから失う信用も大きくなります。

以上、住宅ローンが返済できない場合の選択肢を数々にわたって挙げてきました。返済が苦しくなっても、考えうる選択肢はいろいろとあります。すぐに自己破産の手続きを考えなくてもよい、ということだけは知っておいてほしいと思います。

少なくとも、**住宅ローンの返済を苦にして自殺するような最悪の事態は避けてほしい**ですし、場合によってはマイホームを潔《いさぎよ》く手放す決断が必要なこともあるかもしれません。

最近の低金利で、マイホーム購入のハードルが低くなっていることは事実です。家賃と同じくらい、あるいは少し高いくらいの返済額なら何とかなるだろうと安易に購入に踏み切り、将来、家計的に苦しくなり、結果として、毎日がつまらなくなる人生だけは送ってほしくないと考えています。

おわりに

家づくりは大きな決断の連続。一つひとつ、納得して決断するために

「なぜ家を買うのですか？」

「はじめに」でも触れたこの質問を、私はいまも相談者へ投げかけています。この質問を突き詰めていった結果、相談当初とはマイホームの方向性が変わる人が少なくありません。エリアを変えた人、中古物件希望から新築の注文建築に方向転換した人、新築から中古物件になった人もいます。

私が関係したことで「面倒な人が関わっている」と感じた不動産会社や工務店の担当者もいるかもしれませんが、逆に「佐藤さんが関わってくれたおかげで、お客さんが迷わず決断してくれて助かった」と感謝していただけるケースもありました。

家づくりやマイホーム購入に慣れているお客さんは少ないのが現実です。クルマや家電

を買う感覚で情報収集を始めてしまい、何となく商談が進み、わけもわからないうちに契約日が目前に迫っている、そんなケースも少なくありません。さまざまな決断を自分でも納得して決めたかと問われれば、自信のない人も多いのではないでしょうか？

不動産取引はどうしても時間との勝負となるときもあります。特に人気エリアで物件を探している場合などは、その場で購入するかどうかを決断するくらいのスピード感がないと、買い逃すことも少なくありません。

最初に自分たちの条件を整理しておかないと、いつまでも決断ができずに物件購入ができなくなるか、逆に、「面倒だから、もういいか」と妥協をしてしまいかねません。

ご相談に来られる人の中には、いろいろなアドバイスや提案をもらっているけれど、逆に自分たちがどうしたいのかがわからなくなっているケースもあります。そんなときも、基本に戻って、「そもそもなぜ家が欲しいのですか？」と問いかけることがあります。

また、住宅展示場やモデルハウスの見学からスタートしないほうがよいと書きましたが、現実にはそこからスタートしてしまうケースが多いものです。ただ、住宅展示場からスタートしたとしても、早い段階で自分たちのほしい家の姿を知って、さまざまに提示される選択肢に自信を持って選んでほしいと思っています。

本書を「これからマイホームを探し始めようと考えている」段階で手にしていただいた人には、ぜひ、自分たちの希望や実現したいことを見つめてからマイホーム探しをスタートしてほしいと願っています。

家を持つことは決して義務ではありません。家を持たない選択もあります。それでも家を持ちたいなら、買って後悔する選択はしてほしくはないのです。いま以上に幸せになるために、選択してほしいと思います。そして本書がその一助になれば幸いです。

最後に、本書執筆のきっかけをつくってくれた「共感される人材」育成講師の長谷部あゆさんをはじめとした多くの皆様、執筆に時間がかかる私を気長にサポートしていただいた古市達彦編集長をはじめとした同文舘出版の皆様、「いつ、出版されるの？」と心待ちにしてくれた家族に対し、お礼と感謝の気持ちを伝えたいと思います。ありがとうございました。

著者略歴

佐藤　陽（さとう　よう）

マイホーム購入相談専門ファイナンシャルプランナー
FP オフィスケルン　代表　https://anshin-myhome.com/
ライフスタイルラボ合同会社　代表社員

昭和 48 年生まれ。北海道生まれの千葉、大阪育ち。

銀行員だった父の転勤に伴い、中学、高校時代を大阪で過ごし、地域性の違いを体感する。

大学卒業後、大手ハウスメーカーに就職し、埼玉県浦和市（現、さいたま市）に配属となる。住宅展示場に勤務することから家に関わる仕事をスタートさせる。

鉄骨住宅、木造住宅、分譲地開発、アパート建築の営業を経験後、住宅ローンを専門に扱う部署へ異動。

年間 300 件超の住宅ローン取次業務や損害保険業務を担当。様々なケースの住宅ローン事情に触れながら、家を買うことが家計や人生に与える影響を感じ始める。家を買う側と売る側の圧倒的な情報格差にも疑問を感じ、買う側の立場でのサポートをしたいと思い、独立。

「建築」「不動産」「お金」の各分野を横断的に相談できる先として、マイホーム購入を考えている相談者から相談を受ける他に、「お金」の話が得意ではない設計事務所や工務店などからもサポートの依頼を受け、顧客が不幸にならない家づくりをサポート。

予算や住宅ローン相談から土地探し、ハウスメーカー選びまでをトータルにサポートし、「人生設計から考えるマイホーム選び」を推奨。

20 年後も後悔しない
マイホームの選び方

2019 年 12 月 9 日　初版発行

著　者 —— 佐藤 陽

発行者 —— 中島治久

発行所 —— 同文舘出版株式会社

東京都千代田区神田神保町 1-41　〒 101-0051
電話　営業 03（3294）1801　編集 03（3294）1802
振替 00100-8-42935
http://www.dobunkan.co.jp/

ISBN978-4-495-54048-7

印刷／製本：萩原印刷

Printed in Japan 2019